Direito Ambiental
PROIBIÇÃO DE RETROCESSO

M722d   Molinaro, Carlos Alberto
        Direito ambiental: proibição de retrocesso / Carlos Alberto
Molinaro. – Porto Alegre: Livraria do Advogado Editora, 2007.
        153 p. ; 23 cm.

        ISBN   978-85-7348-469-4
        ISBN(10)   85-7348-469-1

        1. Direito ambiental. 2. Meio ambiente. 3. Proteção ambien-
tal. I. Título.

CDU - 349.6

        Índices para o catálogo sistemático:

Direito ambiental
Meio ambiente
Proteção ambiental

(Bibliotecária responsável: Marta Roberto, CRB-10/652)

Carlos Alberto Molinaro

DIREITO AMBIENTAL
PROIBIÇÃO DE RETROCESSO

livraria
DO ADVOGADO
editora

Porto Alegre, 2007

© Carlos Alberto Molinaro, 2007

Capa, projeto gráfico e diagramação de
Livraria do Advogado Editora

Revisão de
Rosane Marques Borba

Direitos desta edição reservados por
Livraria do Advogado Editora Ltda.
Rua Riachuelo, 1338
90010-273 Porto Alegre RS
Fone/fax: 0800-51-7522
editora@livrariadoadvogado.com.br
www.doadvogado.com.br

Impresso no Brasil / Printed in Brazil

Para minha amada
Teresinha

Aos meus caríssimos amigos
da PUCRS

Ao meu orientador, querido mestre e amigo,
Ingo Wolfgang Sarlet

Prefácio

O direito ambiental, que como todo o Direito, almeja servir de instrumento de regulação das relações sociais (aqui compreendidas em sentido amplo), mas, numa perspectiva mais específica, constitui ferramenta para a promoção e proteção de um meio ambiente ecologicamente equilibrado, embora não represente algo propriamente novo, dada a existência de normas protetivas do ambiente há muito tempo, alcançou projeção ímpar nas últimas décadas e tornou-se, portanto, elemento nuclear do que se poderia designar de um mínimo existencial jurídico. Tal constatação resta comprovada não apenas pelo lugar de destaque na agenda jurídica internacional e constitucional, com a consagração da noção de direitos e deveres humanos e fundamentais em matéria ambiental, mas também pelo crescente comprometimento por parte dos Estados, governos e sociedade com a causa ambiental, que, de resto, se confunde com a própria causa da vida e da dignidade humana e da vida em geral no nosso planeta. Assim, partir do exposto e por tudo o que já se tem escrito sobre o meio ambiente e sua proteção, desnecessário investir mais no que quase se poderia designar de uma tentativa de uma "captatio benevolentiae" para o tema e a obra ora prefaciada.

Todavia, se a relevância e atualidade da causa ambiental, também na esfera jurídica, prescindem de maior justificação, também é verdade que, especialmente no Brasil, a despeito da existência de uma farta e qualificada produção doutrinária sobre a proteção do meio ambiente, ainda existem algumas importantes lacunas a serem colmatadas, dentre as quais se destaca – muito embora a existência já de uma série de obras de valor – um investimento ainda mais intenso e eficiente na constitucionalização do direito ambiental e no necessário e adequado diálogo com as categorias dogmáticas do direito constitucional, notadamente no que diz com os princípios e direitos fundamentais (aqui não excluída a indispensável dimensão dos deveres fundamentais!).

A obra que ora tenho a honra, o privilégio e a alegria de prefaciar, constitui certamente mais um importante passo no sentido de uma superação das lacunas apontadas, versando, com competência e criatividade, sobre um dos mais relevantes princípios constitucionais vinculados, em primeira linha, à proteção do núcleo essencial dos direitos fundamentais em geral, mas com especial relevância e projeção na seara ambiental, no caso, o princípio da proibição de retrocesso em matéria de direitos fundamentais, que, na sua aplicação específica à seara ambiental, o autor, Professor Doutor Carlos Alberto Molinaro, optou, com fundadas razões, por designar de princípio da proibição de retrogradação ambiental. Amparado em sólida doutrina nacional e estrangeira e a partir de uma perspectiva interdisciplinar e de uma sólida pré-compreensão do Direito como cultura e como "processo de adaptação e corrigenda das relações sociais", o autor, na perspectiva também por mim adotada em ensaio sobre o tema da proibição de retrocesso, vinculou o princípio da proibição de retrogadação ambiental aos princípios da dignidade da pessoa humana e da segurança jurídica, no sentido da proteção sempre pelo menos do que se pode designar de um "mínimo existencial ecológico". Além disso, o autor, na obra que constitui versão atualizada e revista da excelente monografia de conclusão do curso de especialização em Direito Público, onde tive a imensa satisfação de ser seu orientador, não descuidou de inserir o tema da proibição de retrocesso (retrogradação) no contexto mais amplo dos direitos fundamentais na perspectiva de um verdadeiro Estado Socioambiental e Democrático de Direito, tal qual formatado na nossa Constituição Federal de 1988. De outra parte, a abordagem não assume perfil exclusivamente teorético, já que ilustrada à luz de problemas concretos, como é o caso emblemático e altamente controverso dos assim chamados "direitos de contaminação".

A sólida cultura do autor, assim como a criatividade e a reflexão crítica que marcam o trabalho, ora veiculado pela Editora Livraria do Advogado, indicam que se cuida, em verdade, bem mais do que uma simples monografia de conclusão de um curso de especialização, mas de uma contribuição com traços de originalidade e que certamente veio para contribuir decisivamente para o avanço da discussão sobre a proteção ambiental no Brasil.

Assim, reitera-se aqui a satisfação pessoal de algum modo, seja como orientador, seja pelo encaminhamento do trabalho para a merecida e urgente publicação, ter participado desse processo. Estão, portanto, de parabéns o Professor Doutor Carlos Alberto Molinaro, a Livraria do Advogado Editora e o Direito Ambiental no Brasil.

Porto Alegre, 31 de dezembro de 2006.

Prof. Dr. Ingo Wolfgang Sarlet
Titular da Faculdade de Direito da PUCRS

Sumário

Introdução 13

1. O ser humano e sua relação com o ambiente 21
   1.1. O significado de "relação" e de "ambiente" na perspectiva do
      "encontro" dos sujeitos/objetos relacionados 21
   1.2. Da relação sujeito/objeto 25
   1.3. As relações sociobiocenóticas do ser humano e o entorno 28
   1.4. As relações e as representações que delas se fazem 31

2. O Direito consiste no equilíbrio do que tende a opor-se 35
   2.1. Uma organização parcial e participante 35
   2.2. O direito como processo de adaptação e corrigenda das relações sociais . 36
   2.3. O direito desde uma visão culturalista 39

3. O direito e o ambiente 43
   3.1. O direito só o *é* no espaço social. Aí ele é *permissão* 43
   3.2. O direito do ambiente 45
   3.3. O núcleo do conceito de direito ambiental ou do ambiente 46
   3.4. O ambiente: um bem tutelado 48

4. A dialética posição-disposição 49
   4.1. As derivações do núcleo significativo posição-disposição 49
   4.2. A dialética posição/disposição 51
   4.3. Posição/Disposição relativamente aos Direitos Humanos e
      Direitos Fundamentais desde os primados da dignidade humana e
      segurança jurídica 58

5. Ecologia, existência e direito. A proibição de retrogradação e os
direitos de contaminação 63
   5.1. A ficção e uma ação ambientalizada 63
   5.2. O princípio antrópico não é incompatível com uma visão ecocêntrico,
      ao contrario, ambos revelam-se num cosmocentrismo 65
   5.3. Vedação da degradação ambiental 67
      5.3.1. Considerações iniciais 67
      5.3.2. Acordo semântico prévio 76
      5.3.3. Limites do princípio de proibição da retrogradação socioambiental 81

5.3.4. Vedação da degradação ambiental e tempo 82

5.3.5. Vedação da degradação ambiental e espaço 84

5.3.6. O tempo e o espaço ambiental – permanência, conservação e
manutenção 85

**6. Mínimo existencial ecológico e o princípio de proibição da retrogradação
socioambiental: Estudo Crítico** 91

6.1. Ecocidadania e dignidade humana – segurança jurídica e
responsabilidade intergeracional 91

6.2. Alcance primário do princípio de proibição da retrogradação
socioambiental 99

6.3. Mínimo existencial ecológico, proibição da retrogradação e Estado
Socioambiental e Democrático de Direito – numa perspectiva
iusculturalista 101

6.4. Estado Socioambiental e Democrático de Direito e garantia do mínimo
existencial ecológico e do princípio de proibição de retrogradação
socioambiental – integração de princípios 104

6.5. Efetivação da proteção do mínimo existencial ecológico e da vedação
da degradação 110

(In)Conclusões 121

Referências bibliográficas 127

Introdução

O que considero como genuinamente humano é a paixão através da qual cada geração compreende plenamente às outras e se compreende a si mesma.[1]

A afirmação acima foi extraída de *Temor e Tremor*,[2] livro no qual Kierkegaard (1813-1855, pensador existencialista cristão) nos põe em tela de juízo a questão da renúncia; renunciar ao que mais desejamos – mas com a dúvida: *será necessário o sacrifício?*[3] – encontra eco quando tratamos da relação *natureza* e *cultura* desde a perspectiva do homem e da mulher nela inseridos. Mais ainda, essa paixão *genuinamente humana* é que faz o ser humano compreender a si mesmo quando está confrontado pela sua continuidade (a geração futura) que lhe inaugura uma razão proléptica, um viés antecipatório da sua existencialidade. Portanto, é desde esta relação unívoca, de matriz simbiótica

---

[1] KIEKEGAARD, Søren Aabye., *Frygt og Baeven* (1843), *Temor y Temblor*, tradução de Vicente Simón Merchán, 4ª ed. Madrid: Tecnos, 2001, p. 103.

[2] Esta obra é parte de um diálogo existencialista cristão, o central, tendo escrito Søren Kierkegaard, previamente, *Aut-Aut* e depois *A Repetição*, os três um esforço autobiográfico. *Aut-Aut*, revela sua primeira concepção dos três estágios da existência (o homem estético, isto é, o que busca o prazer e reproduz o enfado existencial; o homem ético, ou aquele que cumpre o seu dever, nada obstante perder-se nas "massas"; e, o homem religioso, vale dizer, aquele que tem uma vida de fé que afinal reproduz a angústia e o desespero, postura no entanto que o leva a individualizar-se) e da mediação hegeliana. Já em *A Repetição*, o que se vê é o delineamento de uma psicologia experimental desse mesmo homem angustiado. Em *Temor e Tremor*, há uma ruptura total com Hegel.

[3] A questão colocada em *Temor y Tremor* está na renúncia que Kierkegaard faz de seu amor (Regina Olsen), pensando num imperativo divino, assim como fez Abraão com o sacrifício de seu filho Isaac. A diferença é que Abraão recebe o seu prêmio com a renúncia de Deus à imolação de Isaac, Kierkegaard, ao contrário, se angustia com a dúvida quando expressa: "posso estar seguro que Deus me exige este sacrifício?"

DIREITO AMBIENTAL – PROIBIÇÃO DE RETROCESSO

natureza/cultura, que temos de examinar a necessária manutenção e proteção do entorno (ambiente) a que todos estamos submetidos.

Como pressuposto epistemológico, desde já nos posicionamos numa perspectiva monoaxial – vale dizer, a conformação de uma atitude que afirma inexistir qualquer cisão entre *natureza* e *cultura* (substantivadas)[4] – constituída por um só eixo epistêmico, o que já não ocorre com as adjetivações: *natural* e *cultural*, pelo conteúdo das representações mentais decorrentes que podem ser objeto de interpretação segundo a particular visão de mundo do sujeito interrogante.

Natureza pode ser entendida como uma *parcela* do existente no *cosmos* sem a implicação consciente e especulativa do pensamento humano (muito embora o *natural* do *cosmos* admita pluralidade de sentidos). Este entendimento, delimitador, por certo, da natureza, não pode ser aplicado sem as reservas pertinentes.[5] Como homens e mulheres, num entorno social, superamos a natureza, mas não o inteiramente *natural*, diferenciamo-nos do puramente animal, dado que este se relaciona imediata e instintivamente com o ambiente; ao contrário, nós, os humanos, nos imobilizamos no *encontro* com o objeto. Nós também nos distinguimos dos animais, porque nossas possibilidades de sobrevivência implicam o domínio da natureza e de sua transformação, agora, já social, ajustada por um conjunto de relações. Relações essas que possibilitam o existir comunitário, e fazem do trabalho (instrumento de produção dos meios de subsistência) o monólito fundamental da transformação da natureza.[6]

Tudo isso implica a criação de um novo entorno, de um *outro mundo* distinto da natureza, mas não do *natural*, e da aparição de um outro *agente*, um sujeito que transforma e se (re)produz; não obstante ser parte da natureza, é e cria cultura, que é *natural*, mas que com ela não se confunde, ainda que dela seja parte integral. O processo de

---

[4] Não tratamos, por ora, dos adjetivos: natural e cultural.

[5] Uma das reservas está na postura que adotamos com a asserção de Protágoras, no repetido: *o homem é a medida de todas as coisas* (Pré-Socráticos, *in Os Pensadores*. São Paulo: Nova Cultural, 1996, p. 32).

[6] Esclareça-se que em nossa visão axial natureza/cultura, tomamos em consideração a inderrogável relação que se estabelece entre natureza como existência física, cosmológica e positiva, e natureza como representação, já que a metodologia que dispomos para asceder aquilo que nossos sentidos percebem se dá por meio de representações mentais que são construídas e reconstruídas a cada momento, segundo o ambiente cultural a que estamos submetidos, é nesta perspectiva que conceitos como natureza e cultura, ser humano e sociedade, podem variar e efetivamente variam pendente o sistema cultural relacionado.

criação é contínuo, pois na medida em que nos criamos diferentes dos demais (dos *outros*), somos também criadores do mundo circundante: de um mundo histórico e social que se comuta instante a instante, e se transforma nas (in)certezas e nas imagens e representações de um amplo campo, agora sociocultural-natural. Portanto, duas vias nos são oferecidas para pensar na adjetivação da natureza: como objeto e como sujeito, observado e observador. A transformação da natureza, dado seu processamento pelo sujeito (agente transformador), resulta que já não é *pura*, foi *cultivada* histórica e socialmente, foi dominada ou sofreu o processo de dominação, foi explicada ou se intentou explicá-la. Aí reside, em gérmen, as origens dos mitos, das religiões, da moral, da estética, da política, da economia, da ciência, do direito, e de outros procedimentos *adaptativos* (Pontes de Miranda, 1926).

Nós, certamente, continuamos sendo animais, animais sociais; todavia, quando criamos a cultura (naturalmente), no processo de acercamento ao cultural, nos distinguimos dos seres puramente naturais, dos animais ou de outra forma de vida, é a nossa racionalidade (mas não só ela) o fator indutor desta metamorfose cultural. As características dos demais animais encontram-se presentes em nós, somente a metamorfose do *cultural* que está fazendo história é propriamente nossa. É implicante e implicadora de um mundo novo cujas fronteiras não são visíveis de imediato, mas visibilizadas por uma produção *objetual*[7] que se realiza histórica e socialmente. Assim, todo esse processo representa uma síntese de valores que nós acumulamos quando transformamos a natureza e geramos a cultura (como um processo que continuamente, se *faz...*) adjetivando-lhe sentidos, significações diversas e representativas.

É nesse *cronotopos* único: relação natureza/cultura, onde – entre outros fenômenos naturais – o próprio *direito* aparece como um dos *processos sociais de adaptação das relações inter-humanas*; aliás, é de Pontes de Miranda, apoiado, entre outros por Heinrich Matzat, em obra exemplar, *Sistema de Ciência Positiva do Direito* (1922),[8] a noção dos mecanismos que propiciam a adaptação social dos animais superiores e, especialmente, da função adaptativa das sensações, para mar-

---

[7] Não objetal, mas *objetual*, neologismo criado com a intenção de adjetivar o substantivo *objeto*, diferentemente de *objetivo*, para enquadrar a relação com o sujeito que apreende com o *outro*, e sempre com a finalidade de demostrar relação de pertença.

[8] *Sistema de ciência positiva do Direito*, reeditado em quatro tomos pela Editora Borsói, Rio de Janeiro, 1972.

car bem o que é comum à vida de todos; mais tarde (1926), num livro de sociologia extraordinário,[9] principalmente levando em consideração o ano de sua publicação, a afirmação de que o direito, um dos processos sociais de adaptação e corrigenda dos defeitos da adaptação social, vai ser estudado desde a perspectiva da sociologia e da psicologia formal. Neste estudo, esse processo que se faz nos círculos nos quais se inscrevem essas relações vai ser analisado pelo autor a partir de uma tensão entre uma adaptação físico-química e uma adaptação biológica, mediada por uma adaptação mental, exsurgindo, desta forma, uma adaptação social,[10] onde o direito, com os critérios do *justo* e do *injusto*, do *legal* e do *ilegal*, é conformado numa manifestação psicológica fundada na confiança de uma *ordem extrínseca*, manifestada, concretamente, em regras de coexistência, logo, no *jurídico*, tendo por ideal adaptativo uma Justiça declaratória, distributiva e corretiva.

É neste cenário, isto é, no processo social do *jurígeno*, que se encontra uma das transformações possíveis na relação *natureza/cultura* como um determinante ou tendência de predomínio de um campo específico: o *direito*. Um espaço onde são buscadas as soluções de temas políticos, econômicos e sociais; pois o direito, neste cenário, pode ser entendido como o *equilíbrio do que tende a opor-se*.[11] Natureza, cultura e juridicidade, portanto, constituem um viés complementar do comportamento (e da ação) de um sujeito transformador, metade natureza, metade cultura: simbiose de um ser – homem ou mulher – que faz por (re)produzir e evoluir para dominar, manter-se e, em certa medida, submeter o *outro*, já que a este fato se junta um fator psíquico: a *filáucia negativa*, própria de um processo egotista cultural deformado

---

9 *Introducção à Sociologia Geral* [mantivemos a grafia original], publicado por Pimenta de Mello, Rio de Janeiro, 1926.

10 Para Pontes de Miranda, sete são os principais processos de adaptação social: Processo Religioso, com os critérios do sacro e não-sacro, do divino e do profano; Processo Ético, com os critérios do Moral e do Imoral; Processo Estético, com os critérios do belo e do feio, do estético e do inestético; Processo Gnoseológico, com os critérios do verdadeiro e do não-verdadeiro, verdade e erro; Processo Jurídico, com os critérios do justo e do injusto, do legal e do ilegal; Processo Político, com os critérios da ordem e da desordem, organização social e desorganização social; e, Processo Econômico, com os critérios do útil e do inútil (PONTES DE MIRANDA, F. C., *Introdução...*, p. 179-234, especialmente o quadro da p. 235).

11 Utilizamos o substantivo *equilíbrio* com um sentido muito próximo do que Dworkin chama de *eqüidade* (o valor de igual poder de cada indivíduo em uma sociedade dada), cf., DWORKIN, R., *Law's Empire*, Belknap Press, Cambridge, Mass., 1986, p. 165 e seguintes.

(vale dizer, do homem produzido pelo coletivo).[12] Deste modo, é necessário ao sujeito reconstruir-se num cenário teleológico, desde a perspectiva da importância de um fim último, onde ele aparece como agente transformador da natureza e indutor da cultura, adjetivando-as para crescer coletivamente, e progredir o *individual/social* pela sua capacidade de interação. Processo este para ser desenvolvido desde uma perspectiva deôntica,[13] no sentido mais estrito desde termo, vale dizer, como uma atitude necessária, portanto, *conveniente* para que aprenda e apreenda o ser humano a dirigir suas emoções de tal modo que as subordine – na medida do possível – a seu próprio bem-estar, e seu bem-estar só pode ser encontrado no bem-estar social, histórica e culturalmente imbricados (o que já está no art. 29 da Declaração de 1948). Contudo, não esqueçamos que uma afirmação do *eu* implica imediatamente uma correspondência do *tu* (o *outro*), mas há um contraste que aí se constrói: os *limites*; são os limites do *eu* e do *tu* que marcam a diferença de cada um e sua identidade[14] no cenário social, pois é no social que o direito – diz Pontes de Miranda – *é*, em realidade, um produto social de assimilação e desassimilação psíquica.[15]

Neste estudo, o que pretendemos é examinar o percurso, inconcluso por certo, dos direitos e deveres de um sujeito reflexivo e com-

---

[12] Contudo, vale lembrar a advertência de Pontes de Miranda em um livrinho que escreveu aos vinte anos, 1912: *À margem do direito*, recentemente reeditado pela BOOKSELLER (2002), onde ensina: "Dir-se-á que ao homem, na apreciação ligeira e sutil, singelamente filosófica, do grupo, em que encerra, persegue de contínuo a miragem de um engano fácil, o lusco-fusco de uma idéia vaga, que se lhe incendeia no cérebro, a respeito de moral, direito, e cultura coletiva. Não é, porém, uma ilusão pecaminosa, que fustiga o espírito individual, que lhe envolve a imaginação em grosseiro pessimismo, animando-o a ferir, mercê do juízo depreciante, a comunidade a que pertence: a moral-coletiva mostra ser efetivamente assaz inferior à moral do homem em si, do homem íntimo, do animal insulado, do ente psicológico" (p. 93).

[13] De *deôntos* está em δεον – οντος, o que é necessário, ou o que é preciso ou devido, particípio neutro de δεω (que é obrigar, mas, antes, ter falta ou estar necessitado de algo, também, desejar, pretender); assim entendemos a expressão como "aquilo que é necessário", e o necessário é "conveniente". Contudo, a criação do termo é de Bentham (*Deontology or the science of morality*, 1834) e, depois, foi empregado por todos os utilitaristas como ciência, deontologia, para designar o estudo empírico que se necessita fazer em uma situação determinada. Com o tempo, o uso do termo foi apropriado pelas associações profissionais para fazer um catálogo de deveres vinculado com a *praxis* profissional (a origem da necessária apropriação foi a dissimetria ocasionada por alguns detentores do conhecimento e da técnica que lhes outorgou um grande poder, e o usuário do conhecimento, desse saber e técnica, que ficou reduzido a uma dependência intelectual e econômica; logo, os códigos deontológicos intentam superar essa dissimetria com regras formais cuja transgressão é passível de sanção).

[14] Atente-se ao que produz a sinonímia que funda o primado: diferença e identidade são uma só e mesma característica do ser humano.

[15] *À Margem do Direito*, Bookseller, Campinas, 2002, p. 150.

promissado, no âmbito do denominado direito ambiental, e suscitar questões que fundam uma certa *angustia* produzida pela incompletude gravosa do sistema. Se o jurídico pode ser considerado desde a perspectiva de um *processo social de adaptação*, o direito, como conseqüência, é um *produto do cultural*.[16] As inferências daí resultantes são importantíssimas, pois vão revelar a postura do sujeito (transformador) confrontado com a relação *natureza/cultura*, embate este que lhe impõe a produção de determinados bens endogenéticos a essa relação, e que reclama ajustar-se compulsoriamente a essa ordem de *disposição*.

Essa relação *posição/disposição* exige, por parte do sujeito, relevantes sacrifícios que ele, no entanto, duvida de sua necessidade. Quais são as condições sacrificiais[17] para a sua existencialidade? O que é realmente necessário para a manutenção das condições atuais de sua vida? Como compartir seus desejos e solidarizar-se com os demais? Como lhe são atribuídos direitos e reclamados deveres, desde a perspectiva de que o direito é um produto adjetivado da cultura? São perguntas que ele deverá responder se pretende efetivamente comprometer-se com o seu ambiente (natural) e com o seu entorno social (cultural).

Assim, no título 1, pretendemos desenhar, ainda que brevemente e segundo o nosso entendimento, como se forma a relação entre o ser humano e o ambiente em que está inserido. Qual a natureza desta relação e as condições exigidas para a adaptação relacional. No título 2, intentaremos identificar o *espaço intersticial* entre as fronteiras do direito e da normação social não-jurídica, demonstrando que o direito consiste, exatamente, no equilíbrio do que tende a opor-se. No título 3, *o ambiente e o direito*, buscar-se-ão delinear os perímetros de intrusão entre esta *parcela* do *cosmos* que é o ambiente a que estamos submetidos e o sistema jurídico. No título 4, reside o núcleo do presente ensaio: a dialética *posição/disposição*, lugar onde pretenderemos demonstrar que a produção social da existência está marcada por um complexo aparato de conformação da realidade, o que nos leva a *"fabricar aquilo que nos domina"*. Já no título 5, o estudo passará a considerar o entremeio de dois conceitos: *ecologia* e *direito*. Iden-

---

[16] Note-se que não é um produto da cultura (substantivo), mas da adjetivação que se lhe faz.

[17] Atente-se que *sacrificial* vem de *sacro* – e *faz* –, *sacro* – de *sacer*, sagrado, e *faz* –, do latim *facio*, de fazer, mais ainda, de cumprir e de obter. Assim, a condição sacrificial está no cumprir com o sagrado, conexo com o "obter o divino" (a renúncia de Kierkegaard) e que tem um custo elevado, pois implica o desvelamento do ser, isto é retirar o véu que o encobria.

18   *Carlos Alberto Molinaro*

tificaremos a atribuição dos direitos e deveres fundamentais no sistema jurídico desde a perspectiva do direito ambiental. Como conseqüência, vamos examinar o *princípio da proibição de retrocesso ambiental,* que preferimos denominar, como adiante vai ser explicado, de *princípio de proibição da retrogradação socioambiental, que revela como seu objeto: a vedação da degradação ambiental,* confrontado com os denominados *direitos de contaminação,* extraindo daí, uma *(in)conclusão* preliminar no sentido que *a razão débil engendra a astúcia da razão, o direito é necessário para acabar com o direito* (Capella, 1977). No título 6, afirmaremos a exitência de um Estado Socioambiental e Democrático de Direito e seu compromisso, desde uma ecocidadania responsável, em assegurar as condições que possibilitem afirmar que o mínimo existencial ecológico deve ser o *maximum* da concretização do princípio da dignidade humana. Finalmente, este ensaio, parafraseando livro ainda inédito de Joaquín Herrera Flores, apresenta também suas *(In)conclusões,* afirmando que todo o esforço humano de *conclusão* revela um *pantapóros*[18] para novas narrativas, visto que a capacidade heurística, do homem e da mulher, não se esgota em paradigmas conclusivos.

---

[18] A expressão *pantopóros* (del griego πανταπωρος): a abertura de todos os caminhos, está em Antígona, com a imagem que revela do homem o Coro, como *terrível* ou maravilhoso", mas sempre inteligente e dinâmico esse homem *pantapóros,* pois ele é quem por todas as partes vai abrindo caminhos, por onde passa corrige o seu rumo e facilita o passo dos demais. A expressão é muito significativa, especialmente em direito, ainda mais em direito ambiental, já que é uma aposta pela dilatação das vias através das quais o ser humano pode enfrentar os seus limites para construir um novo sentido, tanto para a sua ação, como para a sua capacidade de reflexão. É uma redimensão ampliativa do"humano" do ser; esta expressão está nos versos 360-361 da *Tragédia* de Sófocles, onde está definida com muita clareza a essência do *pantapórico*: um processo de dilatação dos limites do puramente humano, vale dizer, todo processo de dilatação dos limites do humano, pois a ação e a reflexão podem – segundo Sófocles – "*impor-se já ao que é*", vale dizer, podem transformar, sem excedê-la, a realidade na qual o ser humano vive.

1. O ser humano e sua relação com o ambiente

1.1. O significado de "relação" e de "ambiente" na perspectiva do "encontro" dos sujeitos/objetos relacionados

O substantivo *relação* acolhe inúmeras significações segundo o âmbito epistemológico em que está inserido.[19] Que são relações? Somos nós os fabricantes delas? Somos nós que as introduzimos nas coisas e entre as coisas? São elas estranhas ao tempo e o tempo estranho a elas? – Essas são importantes perguntas que faz Pontes de Miranda em um livro preciosíssimo de gnoseologia, com o título: *O Problema Fundamental do Conhecimento*, escrito em 1937,[20] ao qual nos perfilaremos a seguir.

Sem abstrairmos as noções de Kant e de Frege como consta na nota 19, podemos afirmar que relação é um estado de ser, *negá-la é esvaziar o mundo,*[21] pois são as relações o resultado da adjetivação que

---

[19] A precisão significativa de "relação" pende de sua contextualidade, identificada esta é que poderemos melhor encontrar o sintagma nominal que a representa. Para exemplificar esta afirmativa, basta lembrar o conceito de "relação" em Kant, onde está por um conceito puro do entendimento desde três bem definidas categorias: substância, causa e reciprocidade (para Kant o "juízo" se constitui não por uma relação de afirmação ou negação de alguma coisa, mas, por uma relação entre conceitos pensados), conformando os juízos categóricos (inerência), hipotéticos (causalidade) ou disjuntivos (reciprocidade). KANT, I., *Kritik der reinen Vernunft* (1787), *Crítica de la Razón Pura*, tradução de José del Perojo, revisada por Ansgar Klein, 5ª ed., Editorial Losada, Buenos Aires, 1967, p.221, especialmente 223, 235 e seguintes do tomo I. Já Frege entendia que as relações são "funções" de dois argumentos cujos valores são sempre valores veritativos (FREGE, G., *Estudios sobre semántica*, compilação de artigos diversos, traduzidos por Jesús Mosterín, Ediciones Folio, Barcelona, 2002, p. 10).

[20] Cf., p. 61; utilizamos a 2ª ed. Editor Borsói, Rio de Janeiro, 1972.

[21] PONTES DE MIRANDA, *O problema...*, p. 64.

se faz do vínculo unívoco natureza/cultura, pois nós invocamos as relações para estabelecer seus termos: duais ou plurais. As relações nós não as fabricamos ou estabelecemos, já estão aí, no nosso entorno, estamos imbricados nelas, e elas possibilitam a apreensão e o conhecimento de sujeitos e objetos no encontro de predicados e predicamentos que lhes são atribuídos, elas são, também, a causa *eficiente*, portanto, geradoras de novas relações, em que nós mesmos e o *alter* vamos moldando, construíndo em processos de erros e acertos, de verossimilitudes perfilantes de nossos desejos...; não são temporais ou intemporais, vale dizer, não são variáveis em função do tempo, são acrônicas em sentido estrito, isto é, existem dentro e fora de um tempo determinado, e possibilitam o conhecimento do mundo, pois como afirma Pontes de Miranda, sempre que, "na afirmação do mundo, somente atendemos aos termos, aos constituintes, e abstraímos dos laços das relações, dos advérbios e das preposições, procedemos a uma rarefação do que se nos dá, somos vítimas do falso realismo dos substantivos e dos adjetivos",[22] construídos na fabricação do cultural cotidiano.

Não é diferente o caso ao referencial *ambiente*. Ambiente é relação. Ambiente – no sentido de *meio ambiente* – pode ser definido como *um lugar de encontro*.[23] Se tivermos a curiosidade de consultar um léxico filosófico ou lingüístico de qualidade e buscarmos o *lema encontro*, descobriremos a riqueza deste substantivo. No "encontro" nos topamos com o outro, num colóquio solidário; ou simplesmente "descobrimos algo...". Descobriremos, também, que todo encontro não exige uma dimensão *espaciotemporal* específica, e que todo encontro conforma uma assimetria clássica: a *contraposição*: confrontar-se, pois, é uma das possibilidades do encontro. O ser humano – sujeito e objeto neste *lugar de encontro* – ao relacionar-se, enfrenta essa dissimetria. E, é do ser humano relacionado ao ambiente, que deveremos agora tratar.

O *encontro* entre os seres humanos e os outros seres, *objetos do (ambiente) de encontro*, já assustou Sartre (como está em *O Ser e o Nada*)[24] que viu no *outro* só o objeto, viu a existência do *outro*, mais

---

[22] *Op. cit.*, p. 66.

[23] Estamos nos referindo ao substantivo "encontro", mas não podemos esquecer a flexão do verbo "encontrar": tomo consciência de...

[24] *L'être et la néant. Enssai d'ontologie phénoménologique*. Paris: Gallimard, 1943.

além do *eu*, isto é, o fenômeno da existência do *nós* é igual a de um coletivo de coisas qualquer, assim, Sartre analisa os sistemas de Kant, de Hegel e Husserl, e demonstra que nenhum deles têm qualquer possibilidade de reconhecer o outro homem, porque ser homem é ser sujeito, é deter uma consciência que reconhece a todo o resto como objeto. Estamos, então, na presença do contraste: sujeito/objeto, que conduz ao confronto epistêmico da possibilidade de conhecer o objeto como sujeito.

De modo categórico, já afirmava Foucault: "[...] penso que não há sujeito soberano, fundador, uma forma universal de sujeito que poderíamos encontrar em toda parte";[25] isto reflete bem que a constelação filosófica moderna que principia com o giro descartiano do pensamento transladado do mundo exterior, para o terreno pressuposto básico do *cogito*. Daí por diante, o sujeito que dialoga passa a ser o ápice de toda a meditação gnoseológica. Spinoza, levando até as últimas conseqüências o dedutivismo solitário e o desprezo pela experiência exterior, pensa extrair da *interioridade* do *ser* todo o conhecimento. Não obstante, a verdade é que com relação a este extremo *solipsismo*,[26] emerge no Reino Unido, a escola chamada *empirista*, que de Locke a Hume, não admitirá outro entendimento salvo as *sensações*, consideradas atomisticamente, de cuja somatória indutiva não se poderá obter a certeza de *verdades universais* do próprio *eu* pensante. Esta escola rechaça o primado do *eu*, lançando-se fora do domínio cartesiano. Contudo, é preciso cautela nesta postura; verdadeiramente, o empirismo não encara os objetos do mundo exterior, salvo para fundar as sensações, e como as sensações[27] se dão no sujeito corpóreo, resulta que nunca esses objetos são afrontados diretamente, senão pela tendência do sujeito.[28]

O certo é que, no *subjetivismo*, está o diapasão de quase toda a filosofia moderna, seja *racionalista* ou *empirista* a metodologia dos dialogadores, resultando em Kant pensar criticamente o sujeito como

---

25 FOUCAULT, M. *Dits et écrits* (1954-1988), Vol. IV (1980-1988), Gallimard, Paris, 1994, p. 733, exemplar consultado na Biblioteca Central da Universidade de Coimbra (2003).

26 Do latim *solus ipse*, um mesmo só, isto é, tipo de subjetivismo levado ao extremo, que entende que só existe, ou só pode ser conhecido o próprio *eu*; mais além do *nós* existem nossas experiências, tudo o que resta é nosso *eu* presente.

27 Distinguindo-se as sensações dos pensamentos e das percepções.

28 Cf. CASTILLA DEL PINO, C. *Teoría de los Sentimientos*, Barcelona: Tusquets, 2000, p. 37-51 e 251-277.

molde e razão *a priori* da própria unidade do mundo. Desde outras perspectivas, o objeto como tal retrocede para uma distância intangível da *coisa em si*, que se pode considerar como aquilo que o objeto é, independentemente do que o sujeito sabe sobre ele, isto é, *definiendum* por sua dependência (ainda que negativa) do sujeito.

Pontes de Miranda, em notável estudo, que referimos *retro*, já enfrentou este problema,[29] e ele nos ensina que duas vias nos são oferecidas para um passo mais além; uma é negar o sujeito, desintegrando a unidade meramente subjetiva que Kant nos legou, esta é a via eleita pela psicanálise, pela filosofia analítica e, especialmente, pelo pensamento da *desconstrução*; a outra está resumida na restauração do estatuto ontológico do objeto. Husserl seguiu por este caminho, só que influído pelo cartesianismo, elegeu como ponto de partida o *solipsismo* e nunca foi capaz de livrar-se das conseqüências idealistas daí resultantes (Pontes de Miranda).[30]

O caminho para a restauração do objeto tem direção certa, consiste na negativa da prioridade epistêmica do sujeito mediante uma breve constatação: ele não poderia ser sujeito se não fosse também objeto. Então, vale o questionamento: o que entendemos por sujeito e por objeto? Entendemos por sujeito (do conhecimento) aquele que recebe as informações, sendo objeto o emissor das mesmas, ao menos no entender do sujeito. Quiçá isto seja verdadeiro! Portanto, de imediato, apreendemos que o sujeito – considerado estritamente como sujeito –, separado de todo objeto, nada lograria saber, pois não teria sequer a si como objeto de seu conhecimento. O *ego cogitans* cartesiano não pode ser puro sujeito na medida que algo sabe de si e tem, por conseguinte, a si mesmo como objeto. Evidentemente, nenhum puro sujeito é concebível, pois somente receberia informações sem nunca emiti-las, logo, nada poderia saber a respeito de qualquer coisa, sequer a respeito de si mesmo, e no momento que se define por sujeito cognoscente, estaria firmado, *eo ipso*, que nada conhece. Por outro lado, também, é inconcebível um puro objeto, que somente irradiaria informações sem receber nenhuma, pois isto seria um puro *fazer* sem qualquer retroalimentação, o que é contraditório com a noção mesma de

---

[29] *O Problema Fundamental do Conhecimento*, 2ª ed. Rio de Janeiro: Borsoi, 1972.

[30] O grande risco do solipcismo pode ser medido por suas conclusões, vale dizer que nada existe objetivamente, tudo não passando de imagens construídas, ou por outra, de que a totalidade de nosso conhecimento é devido as representações culturais.

continuidade da ação no tempo, o que demandaria o absurdo de uma ação sem duração.

Do exposto, se o sujeito cognoscente não pode ser o que *é* sem ser também *objeto*, e, se de outro lado, o *objeto* não pode ser um radical *não-sujeito*, a conclusão primária é: *a condição de sujeito e a de objeto se exigem complementar e reciprocamente* (Pontes de Miranda).

1.2. Da relação sujeito/objeto

Sujeito e objeto são nomes de *funções* (FREGE) para serem relacionalmente analisadas. Requerem-se mutuamente, possuindo, cada um deles, ambas as funções, só podendo ser sujeito e objeto um para o outro, porque cada um deles, em si, são ambas as coisas. Até o momento, todas as tentativas de reunir-se sujeito e objeto (*v.g.*, o realismo escolástico ou a fenomenologia) somente foram suficientes na relação entre um sujeito dado e um objeto dado. Tudo apenas no plano relacional, tendo por suposto a constituição do sujeito (que é insuperavelmente objeto), bem como no objeto (que é insuperavelmente sujeito), ou como dizia Pontes de Miranda: *"ao ser que tem a experiência chamamos sujeito, em oposição ao ser que é conteúdo dela, objeto"*, implicando a relação sujeito/objeto o laço entre os dois termos, ou em notação: $s \equiv o$.[31]

Todo o *ceticismo* com relação ao conhecimento emerge da hipótese de uma greta entre sujeito e objeto, não podendo ser provada a hipótese, tampouco pode ser contestada. O ponto de partida é o sujeito cognoscente e conhecido; não há como saltar o abismo entre a representação (que radica no sujeito) e o representado (o objeto que estará sempre fora dele). A unificação entre sujeito e objeto não deve ser buscada na relação entre ambos, mas sim, na constituição de cada um deles (nas suas relações *interiores*), vale dizer, nas constituições recíprocas dos *entes* que são, cada um, por si mesmos, inseparavelmente sujeitos e objetos. Logo, compreendemos que a união que está na constituição de um *ente* não pode ser modificada pela simples razão da contração com outro *ente*. Ao contrário, esta relação não se deve

---

[31] Leia-se: o sujeito em relação de equivalência (≡) com o objeto. Cf. PONTES DE MIRANDA, *O Problema...*, p. 84.

fazer, sim, se pode *manifestar* pela reciprocidade das informações emitidas e recebidas, pois há união indissolúvel do sujeito e do objeto agora considerada não sobre cada um desses *entes* tomados separadamente, mas na inter-relação do subjetivo-objetivo de um com o objetivo-subjetivo de outro.

Esta relação (*R*) de equivalência (*s* ≡ *o*) é o que denominaremos, para nossos propósitos, de conhecimento (*C*). E ela é, essencialmente, uma *totalidade atributiva*[32] que envolve sujeito e objeto, não se operando qualquer disjunção *céptica*.[33] Assim, toda a dúvida fica reduzida a um jogo de palavras. Pontes de Miranda contribuiu de modo relevante para aclarar a noção de *s* = *o*, desde a sua concepção do *"jeto"*, pensamento que aceitamos integralmente. Na concepção do *jeto*, o insigne pensador tem em conta buscar resolver o problema conceptual de existencialidade. Denominou –*jeto* tudo o que se *presentava* na realidade, seja físico, seja psíquico, desde que considerado sem ser do lado daquele que só vê, ou do outro lado, vale dizer, eliminados os elementos que representam a oposição entre eles; operação esta que o autor exprimia pondo entre parênteses os prefixos *sub* de *su*je(i)to e de *ob* *ob*jeto; esclarecia que reservava o termo *jeto* sem hífen para exprimir o *fato* independente de nós, *v.g., se os homens, como o mamute, desaparecessem da terra.*[34] Advertia: *desde que se põem entre aspas os prefixos* [alude a *sub* e *ob*] *a existência objetiva e a existência subjetiva deixam de opor-se: a árvore é, existe; os animais e as pedras são, existem...* O que corta a compactação sujeito/objeto em sujeito *e* objeto é a *posição* daquilo que é ineliminável por ele mesmo, ou pela

---

[32] As *totalidades atributivas* são aquelas cujas partes estão referidas umas com as outras, seja simultaneamente, seja sucessivamente, e mais, suas conexões atributivas não implicam a inseparabilidade. Diz-se, portanto nematológicas, vale dizer, aquelas totalidades que abarcam uma complexidade de partes ou *topoi* que se consideram desde a perspectiva de seu entrelaçamento por fios (νεμα, *nema*, fio) tais que impedem um tratamento isolado de umas em respeito a outras, segundo o princípio que os gregos denominaram de *"symploké"* (συμπιοκω, isto é "entrelaçamento" das coisas que constituem uma situação, efêmera ou estável, o *"symploké"* sublinha efetivamente o momento da desconexão. Pode-se ver o fenômeno em alguns textos platônicos, *v.g.*, "O Sofista" (251a-253b): o *Estrangeiro de Elea* quer dizer a *Teeteto* – no texto platônico –, que o entrelaçamento se revela como uma formulação de um princípio universal de *"symploké"* (oposto ao monismo holista: tudo está vinculado com o todo; assim como, no pluralismo radical: nada está vinculado, ao menos internamente, com nada), por isto se pode considerar Platão como o fundador do método crítico filosófico, por oposição ao método da metafísica holista ou pluralista da "filosofia acadêmica (Platão, *El sofista o del ser*, in, Obras Completas, Aguilar, 2ª ed., Madrid, 1969, p. 999-1045, especialmente, 1031-1035).

[33] No sentido grego de *observar sem nada afirmar*.

[34] Cf. PONTES DE MIRANDA, *O Problema...*, p. 97-98.

crítica dele, ou dos outros, o que acentua é a adoção de qualquer afirmativa sobre a importância ôntica do objeto, ou sobre ser *oco* ou *cheio* o objeto.[35] Para tornar mais claro e preciso seu pensamento, escrevia:

> [...] o sujeito e o objeto nos dão o −*jeto*, mas os prefixos em visão última são fatos; e dessa visão decorre ver, a nós, na subjetividade e na objetividade fatos, casos particulares de −*jetividade*, de interpretação dos seres e dos fatos como a consciência o é da receptividade, e a vida o é do orgânico existente, já no chamado mundo inorgânico.[36] [Portanto, ...] a separação a que procedemos, subjectus, objectus, nos revela que a aparição dos universais vem da natureza da sensibilidade fracionária do mundo e essencialmente extratora.[37] [Pois, ...] referir-me e referir o objeto é que, pondo em contraposição dois seres, os singulariza, e esta contraposição se traduz nos prefixos. Ao passo que entre eles há algo como estante por si, comum, mas não necessariamente comum, que é o universal, o jeto, o Stand de Gegenstand [a posição do objeto] o − jet de Objet e de Subjet.[38]

O modelo do *jeto* incorpora uma acepção universal, porque tanto se encontra no sujeito, como no objeto, eqüivale a essência, o *sub* e o *ob* não sendo universais, eram singulares, e, como tal, existentes, cuja integração no −*jeto* assegura a plenitude da existência que se revela no sujeito e no objeto. Por isso, afirmava Pontes de Miranda, eliminando-se o indesejável se pode ver o concreto e relacionar-se. Pois,

> [...] na análise do conhecimento se elimina constantemente, os resíduos do objeto (*ob*) e os do sujeito (*sub*) [...] se elimina aquilo que designamos como *su* − e *ob* − e agora, não nos importa saber como conseguiremos tal resultado −, resta o que não depende do posicionado entre o sujeito e o objeto, vale dizer, o *jeto* o que está ai, independe do sujeito ou do objeto. O que resta é uma porção − finita ou infinita − de invariantes funcionais. Com elas se consegue uma *re-criação* dos seres e, procurando-os nos propomos esgotar a coisa. A invariante funcional é o *jeto*. Na verdade, os singulares *ob* e *sub*, que não eram essências, mas sim existências, quando separados do universal *jeto*, que não era existência, sim essência, os transformavam em invariantes funcionais, isto é, em uma permanência atuante, (re)criadora dos seres e das coisas.[39]

Como podemos observar, da brevíssima análise acima, a relação entre ser *sujeito/objeto*, pendente à observação do sujeito que observa não se resolve facilmente, mais ainda, quando tratamos do ser humano

---

[35] Cf. *op. cit.*, p. 100.

[36] Cf., PONTES DE MIRANDA, *op. cit.*, p. 97-105; e, *Sistema...*, II, p. 253-254.

[37] PONTES DE MIRANDA, *op. cit., loc. cit.*

[38] *Op. cit., loc. cit.*

[39] Idem, p. 86-88; e, *Sistema....*, II , p. 254.

e sua relação com o *ambiente*. Esse *ser* (sujeito e objeto reciprocamente) nuclearmente vinculado ao biótico, em seu sentido mais estrito está por esse fato fortemente condicionado, mais ainda, observando-se esta situação desde a sua relação com os demais seres e com o entorno *natural-cultural*.

1.3. As relações sociobiocenóticas do ser humano e o entorno

Chegados aqui, e entendida a relação sujeito/objeto como adaptação cognitiva, já que conhecer é adaptar-se,[40] é muito apropriado reler Morin,[41] quando adverte – independentemente do sujeito que conhece – que não basta com o afirmar as *variantes biológicas* da *unidade do homem*,[42] pois os denominados *universais antropológicos* não são só biológicos (reducionismo, vitalismo), mas *bioculturais*, logo, implicadores de diversidade e variabilidade; portanto, o biológico e o sociocultural não devem ser pensados como duas dimensões isoladas, ou melhor, não devem ser considerados como parte de um sistema dicotômico. Sem dúvida, a concepção unidimensional do ser humano, seja pelo lado *culturalista*, ou pelo *biologismo*, deve ser rechaçada; o ser humano não é biológico por um lado e cultural por outro, de modo fronteiriço ou disjuntivo, ele é um *sistema integral*[43] revelado em uma unidade complexa e organizada, formando uma combinação de *interações* e *interdependências* entre heterogêneos fatores biopsicossociais, por isso é sujeito e é objeto, e ainda, sujeito/objeto do *conhecimento*.

Essa totalidade é, deste modo, o marco definidor do ser humano, visto que ele é o resultado de permanentes interações da tipologia biopsicossocial.[44] Aí está a razão que levou Morin[45] a buscar o núcleo dos universais antropológicos fixado em uma estrutura de com-

---

[40] Cf. Pontes de Miranda, *Problema...*, p. 100.

[41] Morin, E., e Piattelli-Palmarini, M., *La unidad del hombre como fundamento y aproximación interdisciplinaria*, in, Leo Apostel (y otros), *Interdisciplinariedad y ciencias humanas*, Tecnos/Unesco Madrid, 1983, p. 212 (exemplar consultado na Biblioteca Central da Universidade de Granada – Espanha [2002]).

[42] Genéticas, fisiológicas, psíquicas, etc.

[43] "Sistema global *homo*" como prefere Morin.

[44] Morin, E.e Piattelli-Palmarini, M., *La unidad del hombre...*, p. 212.

[45] *L'unité de l'homme. Invariants biologiques et universaux culturels*, Seuil, Paris, 1974, p. 618 (exemplar consultado na Biblioteca Central da Universidade de Granada – Espanha [2002]).

plexidade crescente, organizativa e transformadora, imediatamente conectada à "*inter-relação entre o sistema genético, o sistema cerebral e o sistema sociocultural*". São sistemas interatuantes, e sua universalidade biopsicoantropo-sociológica está implicitamente revelada. É o tipo de universalidade que não está pontuada em traços puramente fenomênicos, antes, marcada por princípios organizacionais (generativos) originais, que em fusão com o influxo do meio (natural e sociocultural), somado às diversificadas circunstâncias aleatórias, administram, reconstroem e inovam os traços casualmente dissímiles que se dão entre sociedades e indivíduos, vale dizer, para Edgar Morin – e para nós que aceitamos sua tese –, os universais são *competências*, são princípios generativos com natureza organizacional, exercendo o controle sobre a diversidade fenomênica, e não meras *atuações*.[46] Tudo isso exige um conhecimento dedicado para a elaboração de um autêntico *saber transdisciplinar* e, especialmente, a dotação de uma translação intercultural desse mesmo saber. A ausência desta especialização, e a existência da dispersão disciplinar das ciências e dos saberes, impossibilitou a existência de um *saber antropo-sociocultural reunido*, implicando a decomposição e fragmentação do conceito de homem e de mulher, contribuindo, assim, para a ocultação de suas identidades, e para o comportamento diferenciado em relação ao entorno.

Cabe perguntar, então, como se forma a relação entre o ser humano e o ambiente em que está inserido, e, especialmente, qual a natureza desta relação? Bem como, quais as condições exigidas para a adaptação relacional? Essas perguntas têm de ser respondidas num esforço de contextualização bem definido. É claro que, como pressuposto epistêmico, deveremos partir de alguma premissa previamente aceita; e, uma delas, está vinculada a aceitarmos que todas as sociedades têm uma origem biológica. A *sociobiologia*, desde muito, vem afirmando que a sociedade humana com seus subsistemas político, jurídico e econômico está fundada desde uma origem biológica, procedendo por evolução de suas próprias estruturas; estruturas já existentes nas sociedades primais das quais descendemos. Portanto, se estudarmos o comportamento animal (inclusive do animal dito superior), descobrimos a existência de comportamentos que prefiguram o direito, conformam leis e desenham a organização econômica dos humanos. Vale

---

[46] *Ob. cit.*, p. 618.

DIREITO AMBIENTAL – PROIBIÇÃO DE RETROCESSO

lembrar a defesa que se faz do direito de propriedade sobre a terra, é nele que se expressa, entre humanos, a "territorialidade", fato este não estranho entre mamíferos e a muitas outras espécies. É sabido que uma das características da propriedade é a publicidade, ou o conhecimento que *outros* a possam reconhecer ao com ela confrontar-se. E perguntamos: é somente o ser humano que reconhece o território do *outro*? Certamente não. Existem *animais territoriais*, isto é, animais que marcam seu território mediante rastos olfativos, ou visuais e sonoros. Nós, mais sofisticados, utilizamos cercas, letreiros ou leis que delimitam ou assinalam limites e fronteiras. Não faltam experiências científicas e estatísticas que comprovam a demarcação de território pelos animais (não-humanos).[47] Hoje sabemos que a exploração dos *recursos* de um território pelos animais, reunidos em agrupamentos, requer seja estabelecida uma organização das relações entre os membros do grupo, que será reforçada sempre que exista um sistema de prêmios e penas, e de alguns outros membros, dedicados a *função,* que os outorgam e imponham. Atente-se que nas sociedades humanas essa configuração, estruturalmente, está disposta num sistema jurídico, pouco diferente dos sistemas de outras espécies. É do biólogo Robert L. Trivers[48] uma interessante observação análoga entre o comportamento animal e os sistemas normativos humanos, através daquilo que ele denominou de *agressão moralista*[49] e que serve de molde para um sistema judicial: num agrupamento de animais, o macho ou a fêmea intervém para impedir as disputas e os conflitos entre a prole; semelhante comportamento vemos nos humanos, onde um sujeito dominante intromete-se para

---

[47] Exemplo muito interessante nos deu o biólogo, prêmio Nobel de 1973, Niko Timbergen, observando o que acontecia com os dois peixes que colocou, em comum, num grande aquário, ele descobriu que cada um deles estabeleceu o seu território em lugares opostos. Continuando com a observação, Timbergen selecionou um dos peixes e o colocou em um tubo cristalino e o introduziu na aquário dispondo-o no canto oposto ao que permanecia habitualmente, o "proprietário" do local onde estava o tubo cristalino com o intruso se mostrou extremamente agressivo, e o intruso queria desesperadamente sair daquele "território", quando o tubo era deslocado de lugar tudo retornava a calma naquele aquário (cf. *The study of instinct*, Oxford University Press, Oxford, 1951; tivemos acesso à versão em italiano *Il comportamento sociale e degli animali*, EINAUDI, Turin, 1978, existente na Biblioteca Central da Universidade de Coimbra 2003).

[48] *The evolution of reciprocal altruism*, Quarterly Review of Biology 46 (4), 1971:35-57; aliás, pode-se acessar, estando previamente cadastrado, essas revistas a partir do nº 77 em http://www.journals.uchicago.edu/QRB/journal/, consultamos a revista na Biblioteca Central de Universidade de Coimbra (2003).

[49] A "agressão moralista" é freqüente entre os primatas (chipanzés, babuínos e outros). Um tipo de comportamento que se assemelha muito ao sistema de coerção judicial.

solucionar as disputas e os conflitos entre os demais sujeitos subordinados hierarquicamente,[50] ou não. Evidentemente, do sistema de *territorialidade* e de *agressão moralista* dos animais, para o sistema de leis, de propriedade e de aplicação da justiça dos humanos, enorme foi a distância que a evolução e os processos adaptativos engendraram. O radicalismo da sociobiologia foi, e continua sendo, fortemente contestado no meio acadêmico; contudo, observe-se que algumas de suas aportações, efetivamente, são muito superiores às proposições de Hobbes, e mesmo as de Rousseau, relativamente à origem do direito como um contrato social entre selvagens, que por esta *ficção* passam a ser civilizados.

Atualmente, como se verá oportunamente, os estudos estão centrados no denominado *princípio antrópico*, nas suas formulações de *forte* e *débil*, seja em relação ao ser humano em seu período de existência no planeta, seja na sua relação com as modificações por ele provocadas no meio ambiente.

1.4. As relações e as representações que delas se fazem

Como se pôde observar, as relações havidas entre os indivíduos (sujeitos de transformação), as sociedades e o "ambiente" começam com as representações que se estabelecem, cognitivamente, entre natureza/cultura e as adjetivações daí resultantes. Relações estas que emergem das condições materiais de produção e das necessidades demandadas, agregadas a especificados sistemas econômicos e políticos vinculados às características locais, inscritas na biodiversidade, espaço geográfico e suas correspondências, e das condições socioculturais, aí incluídas as relações com a natureza no âmbito da dependência, do

---

[50] Os sociobiologistas também relatam "relações" mais complexas muito assemelhadas a "quase-contratos". O exemplo que fornecem é o dos ninhos de *tenuirrostros* africanos (espécie de pássaros de bico longo e delgado, semelhantes aos nossos "beija-flores"), neles se pode observar que se encontram indivíduos da mesma espécie, todavia, não pertencentes à família proprietária do ninho; no entanto, trabalham, defendem e alimentam as crias, o seu "pagamento" – narram os pesquisadores –, se dá de uma, de duas formas: ou, quando um "trabalhador" decide ter sua própria família e constituir o seu ninho, levará alguns dos jovens que ajudou a criar para que trabalhem para ele; ou, o evento "mortis-causa", pois quando o fundador do ninho morre, o trabalhador mais antigo passa a ocupar o seu lugar.

domínio, do afeto, etc., o que implica o estudo analítico destas representações e crenças.

Duas são as possíveis perspectivas, desde os estudos dos movimentos ambientalistas, com respeito à relação do ser humano com a natureza: uma tem sede no *biocentrismo*, também denominada *posição ecocêntrica*; outra revela uma atitude antropográfica: o *antropocentrismo*. Desde o primeiro enfoque, o mundo natural é concebido em sua holodimensão, vale dizer, em sua complexa totalidade, permanecendo ali localizado sem nota distintiva, senão como qualquer ser vivo, esta situação implica de imediato uma recusa à dominação da natureza pelo ser humano; outra, a atitude antropocêntrica, está marcada pela derivação dicotômica entre o ser humano e a natureza, onde o primeiro possui direitos, controle e o exercício proprietário do ambiente, utilizando-se para tanto das tecnologias que a ciência moderna disponibiliza. Observe-se que desde esta postura, a natureza não incorpora um valor em si mesma, representando tão-só uma reserva de recursos a ser no devido tempo explorada. Nessa posição, pode-se sentir, subjacentemente, a razão cartesiana que afirma que a racionalidade do ser humano o põe em destaque acima de tudo o que existe, inclusive sobre a natureza. Qualquer que seja a postura que se adote, esta não tem o condão de destruir a unidade *natureza/cultura*; apenas a primeira tem uma perspectiva integradora e respeitosa com a vida, enquanto a segunda é afirmativa de superioridade, tende ao descompromisso e atenta contra todas as manifestações vitais desta *parcela* do *cosmos* que é o planeta e os seres que o compõem.

As relações do ser humano com o ambiente são *relações biocenóticas*[51] desenvolvidas no entorno, vale dizer, vínculos que se estabelecem com todos os organismos de diversas espécies, orgânicos e inorgânicos, que vivem e se reproduzem em determinadas condições em um dado meio. O polimorfismo é presente e necessário pela *razão cultural/natural* da diversidade. Assim, a biodiversidade nucleia a única possibilidade de sobrevivência do ser humano no ambiente que lhe subordina. São relações de complementariedade que unem todas as espécies num único sistema de sustentabilidade do mundo, onde a responsabilidade de todos e de cada um está na satisfação de necessidades atuais sem fraudar as perspectivas das gerações futuras, pois é nelas que reside a compreensão da nossa geração, e é desde elas que

---

[51] Em grego βιο (vida) e κοινος (abstratamente, aquilo que é "comum")

nos atormenta a *angústia* da incompletude em preservá-las. Pois dizia Ted Perri, inspirado no Chefe Seattle: "Tudo o que acontece com a Terra, / acontece com os filhos e filhas da Terra. / O homem não tece a teia da vida; / ele é apenas um fio. / Tudo o que faz à teia, / ele faz a si mesmo".[52]

---

[52] *Apud*, CAPRA, F., *A teia da vida*, Cultrix, São Paulo, 1996, p. 9.

2. O Direito consiste no equilíbrio do que tende a opor-se

2.1. Uma organização parcial e participante

O direito, desde uma perspectiva socioculturalista e como um produto cultural, objeto de uma relação de conhecimento, pode ser entendido como o resultado de uma *ordenação parcial e participante*, um velho conceito de Boaventura de Sousa Santos, inscrito num texto de 1964,[53] apresentado como sua dissertação de conclusão do curso de ciências jurídicas da Faculdade de Direito da Universidade de Coimbra.[54] Esse produto da adjetivação da cultura, revelado desde uma *posição* parcial e participante, constitui-se numa tensionada dialética posição/disposição, revelando *o equilíbrio de tudo aquilo que tende a opor-se*, pois é desde a parcialidade e da participação que se pode incluir uma *razão proléptica,*[55] ou de antecipação conveniente para solucionar confrontações assimétricas à posição do sujeito da relação *opositiva*. Assim, o direito está na afirmação do *eu* e sua recíproca interação com o *outro* (isto é participação). Uma ordenação deste jaez pode ser a base efetiva de um projeto liberatório com o objetivo de produzir, efetivamente, a emancipação dos sujeitos relacionados a esta ordem. *Parcialidade* e *participação*, dois critérios, também, para uma

---

[53] Quando ainda não se dedicava à sociologia e à teoria do conhecimento.

[54] O Conflito de Deveres em Direito Criminal, edição datilografada e reprografada, Coimbra, 1964, compulsada na biblioteca do CES – Centro de Estudos Sociais, da Faculdade de Economia e Ciências Sociais da Universidade de Coimbra (2003).

[55] Em sentido diverso da que a utiliza Boaventura de Souza Santos, in, *Por uma sociologia das ausências e das emergências*, Revista Crítica de Ciências Sociais, n. 63, outubro de 2002, p. 237-280.

definição de direito desde uma perspectiva deontológica. Parcialidade é comprometimento, e influi numa forma de legitimidade implícita na necessidade de sobrevivência e prosperidade dos seres humanos; participação é mais que comprometimento, é fazer saber, é compartir, é ter parte em..., é participar pelo sentimento ou pensamento (do gozo, do pranto, do ser, do não-ser ou do será...) num projeto comum. Parcialidade e participação formam um híbrido onde *a natureza emancipadora dos combates sociais reside em todos eles, em seu conjunto e, em qualquer um em particular* (Santos, 1964), e o dever correspondente desse modal binário é, primordialmente, *recuperar o deontológico de todo o direito*, o que se concretiza com o estabelecimento de um *equilíbrio razoável* da oposição entre sujeitos que tendem a se afastar da relação normativa *parcial-participante*.

2.2. O direito como processo de adaptação e corrigenda das relações sociais

O direito, ou qualquer conjunto de proposições normativas (princípios e regras), pode ser visualizado à semelhança de uma geometria *fractal*[56] relativamente aos *topoi* onde a fragmentação de seus estândares estão estabelecidos e dispostos segundo uma ordem preestabelecida. O contexto mesmo, onde se dão as práticas sociais, pode ser melhor revelado segundo um modelo *fractal*. A norma (princípios e regras) jurídica é um modelo de apreensão *fractal* da realidade, como um

---

[56] *Fractal*, de modo genérico, é qualquer forma geométrica de aspecto *fragmentado* que pode ser subdividida, indefinidamente, em partes idênticas que são cópias reduzidas do todo; é, basicamente, um instrumento de (holo)dimensão. *Fractal* é um neologismo criado pelo matemático Benôit Mandelbrot, advindo do adjetivo latino *fractus*, do verbo *frangere*, significando criar fragmentos, irregulares ou quebrados. São modelos geométricos, abstratos e com formas complexas que se repetem infinitamente, mesmo limitados a uma área finita. Mandelbrot constatou, ainda, que todas as formas e padrões *fractais* possuíam características comuns, existindo uma – surpreendente – curiosa relação entre esses objetos e aqueles encontrados na natureza. O fractal é gerado através de uma fórmula matemática bastante simples. Os *fractais* serão, ou geométricos, repetindo continuamente um mesmo padrão, ou aleatórios, vale dizer, aqueles criados por sistemas computacionais, mediante programas específicos. Suas funções são reais e complexas, e apresentam especificações próprias: auto-semelhança, dimensionalidade e complexidade infinita Relevante é notar que os *fractais* não estão limitados às matemáticas, eles são muito importantes para as mais diversas ciências, como a biologia, a física e, presentemente, para a representação de cenários desenhados nas ciências sociais (Cf., para informação básica, na Internet o endereço: www.ed.fc.ul.pt/icm99/icm14/index.htm).

retrato do suporte fático desta realidade, vale dizer, daqueles fatos do mundo fático que entram no mundo jurídico, tornando-se fatos jurídicos. Nas previsões contidas nas normas, muito é expressão do sentimento (fator psicológico) livre do estamento contextual, ou revela o resultado do querer volúvel do grupo social ou do déspota. O mundo é o composto de fatos a ele relacionados; de todos os fatos do mundo, só alguns deles interessam ao mundo do direito (Pontes de Miranda), o que se realiza neste mundo resulta de um delicado equilíbrio entre vontades, pretensões ou desejos ao lado de carências e necessidades. O direito, então, surge como um *compositus*[57] de soluções elaboradas pela sociedade para fazer frente aos problemas comuns e normar a convivência, afastando o império da violência.

É certo que os costumes, a moralidade e o direito não constituem um só corpo normativo, e que as primeiras manifestações da vida humana são manifestações sociais, é evidente que não há sociedade sem um conjunto de normas coercitivas que a regulam, isto é, sem direito. O direito é um fenômeno revelado num processo de adaptabilidade de relações inter-humanas, utilizado por comunidades humanas instituídas em círculos espaciotemporais definidos, vale dizer, *sociedades*. Direito, sintagmaticamente, é reto, correto, estudo das leis, ciência social e jurídica, conjunto de normas sociais obrigatórias para assegurar as funções do organismo social, ou sistema de normas (princípios e regras), dispostas pelo Estado; ainda mais, conjunto de normas (textos e narrações) que expressam poderes simbólicos, ou princípios reitores de condutas individuais ou sociais tendentes a realizar o ideal de Justiça. Tudo isto é direito, tudo isto é *processo cultural*, ou *adjetivação* da cultura no adaptar e corrigir ocasionais estados ou defeitos emergentes de relações inter-humanas no espaço social; é, portanto, a intercessão de um ponto de "equilíbrio" entre o *eu* e o *tu*, ou como diria Buber, todo o vínculo *Eu-Tu*, no seio de uma relação que se especifica como uma ação (que carrega consigo eventuais omissões) com finalidade exercida por um *lado* sobre o *outro*, existe em virtude de uma mutualidade que não pode tornar-se total,[58] por isso, deve permanecer equilibrada.

---

[57] *Compositus* particípio de *componere*, no sentido latino, significando heterogeneidade de elementos, servindo para diversos fins.

[58] BUBER, M, *Eu e Tu*, , trad. Newton Zuben, São Paulo: Cortez & Morais, 1977, p. 153.

DIREITO AMBIENTAL – PROIBIÇÃO DE RETROCESSO

A expressão *direito* traz consigo uma polissemia radical, do latim *directum* suplantou a expressão *ius* do latim clássico por ser mais expressiva. Em Roma, coexistiam o *ius* e o *fas*, o primeiro representava o conjunto de regras formuladas pelos homens com o objetivo de dar ordem à vida em sociedade; o segundo, o conjunto de normas de origem divina que regeria as relações entre os homens entre si e as divindades. Em Roma, o *fas* imperava, e sua aplicação cabia aos pontífices. A secularização do direito ocorreu por 254 a. C., entre outros, por iniciativa de Tibério Coruncanio.[59] A expressão *ius*, então, passa a ser utilizada pelos romanos em dois sentidos: objetivo e subjetivo, como *norma agendi*, isto é, em sentido objetivo, quando se refere ao *ius civil* e ao *ius gentium*; ou como *facultas agendi*, isto é, em sentido subjetivo, quando se refere ao *ius fruendi, ius vendendi*, etc. Celso vai definir o direito como *ius est ars boni et aequi*. Mais tarde, ensinam-nos os léxicos, a palavra *direito* invade as nações por via latina, está no primitivo radical indo-europeu *rj* em substituição ao clássico *ius*. Ensinam-nos os filólogos que o radical *rj* significava guiar, conduzir, dirigir, e se encontrava nas línguas célticas e germânicas onde se registram: *raiths* (gótico); *rhait* (cimbros)[60]; *ret* (escandinavo); *rectereacht* (irlandês antigo e moderno); *recht* (alemão); *right* (inglês). Nas línguas latinas, por intermédio do acusativo *directum*, resultou em *droit* (francês); *drech* (provençal).[61] Em qualquer caso, a dificuldade de definir a expressão *direito* está em não se levar em conta, geralmente, o substantivo *equilíbrio*, entendido como reunião de dois substantivos gregos, a ισορροπια (*isoropía*) mais a στασις (*stásis*), vale dizer, o equilíbrio que resulta da fixidez, a *isostásia*, ou o equilíbrio resultante das diferenças de densidade, no caso de conceitos.

---

[59] Cf. ELLUL, J., *História de las Instituciones de la Antigüedad*. Trad. e Notas, F. Tomas y Valiente. Madrid: Aguilar, 1970, p. 248; JÖRS, P., *Derecho Privado Romano*. Edição atualizada por KUNKEL, W., trad. L. Prieto Castro. Barcelona: Labor, 1965, p. 29; *El Digesto de Justiniano*, tomo 1. Trad. VV. AA. Pamplona: Aramzadi, p. 52.

[60] Os cimbros constituíam um povo céltico que habitava às margens do Báltico, estabelecidos na Germânia, invadiram a Gália e foram detidos pelos romanos nos Alpes e pelos celtiberos na Espanha.

[61] Cf. JÖRS, P., *Derecho privado romano*. Edición totalmente refundida por WOLFGANG KUNKEL. Trad., da 2ª ed. Alemã por L. Prieto Castro. Barcelona: Ed. Labor, 1965; WIEACKER, F., *História do direito privado moderno*. Trad., A. M. Botelho Hespanha. Lisboa: Fundação Calouste Gulbenkian, 1980

2.3. O direito desde uma visão culturalista

Perfilamos o pensamento de Pontes de Miranda, para uma definição de direito, que afirmava:

O direito é. Só os que não vivem ao contato com a vida não consideram realidade a *regra* suscetível de pôr na prisão os indivíduos, deslocar bens de um para outro patrimônio, tirar os filhos a um dos genitores e entregar ao outro, ou tirá-los de ambos. A contemplação do texto, frio, estático, é que sugere a comparação com as fantasias literárias e os planos aprioristicos. O direito *é*; mas a medida de seu *ser* é dada pela sua *realização*. Tal realização, ou ocorre pela observância espontânea, ou pelos aparelhos do Estado, tendentes a isso, às vezes criados para isso, como é o da Justiça. Existe, ainda, um direito especial que se destina à realização do Direito – o direito processual.[62]

Os sistemas jurídicos não são só realidade *a se*, sim *a realidade*, pois não são tão-só criações do espírito, mas o resultado de gerações. Herdamo-los, e não é tarefa fácil alterá-los, assim como vamos transmiti-los para as gerações ulteriores. Por isso, Pontes de Miranda dizia que o direito é "social" sem esquecer de suas bases biológicas, mesmo físicas que não se podem ignorar. Os sistemas jurídicos também. O direito é processo de adaptação social, os sistemas jurídicos incorporam as normas do direito cuja incidência é independente da adesão dos sujeitos, pois é a incondicionalidade de incidência, a sua característica basilar;[63] os normativos de outra ordem (religião, moral, economia, costumes, etc.) que obtêm essa incondicionalidade se fazem jurídicos.

Lefebvre já expressava que o conhecimento é *fato*: não há como fugir de sua existência, ainda que possa ser questionado.[64] O ato de conhecer se desenvolve num *espaço social*, perdurando num *tempo social*. Assim, toda a história do conhecimento é uma história de superação, é um processo de desedificação. De desedificação e retificação de conceitos, de metodologias, é o espaço da metamorfose do pensar e do fazer. O direito, assim como o conhecimento, é também *fato*, e aqui não estamos perfilando o *realismo* escandinavo ou americano, mas afirmando, simplesmente, que *o direito é fato do cultural*,

---

[62] Comentários à Constituição de 1967 com a Emenda nº 1 de 1969, 2ª ed. tomo I, São Paulo: Revista dos Tribunais, 1970.

[63] PONTES DE MIRANDA, *Comentários...*, t. I, p. 31.

[64] Cf., LEFEBVRE, H., *Lógica formal – lógica dialética*, Rio de Janeiro: Civilização Brasileira, 1975, p. 49.

e como fato do cultural é *reflexo*, e está *projetado* na *consciência humana* que, como dizia Karel Kosik, é também *reflexo* e, ao mesmo tempo, *projeção*, registra e constrói, toma anotações e planeja, reflete e antecipa, é ao mesmo tempo, receptiva e ativa.[65] Por isso, é oportuno lembrar que Recaséns Siches afirmava que o *o direito é sempre um ensaio de ser direito justo,*[66] pois a consciência busca a justiça axiologicamente comprometida com o social, já que o direito sempre se refere ao *eu* socializado, remanescendo o *eu* individual como sujeito do mundo moral. Finalmente, não se pode olvidar a advertência de Pontes de Miranda que afirmava: "o problema jurídico é o problema humano por excelência: do direito dependem todos; sem o direito, nenhum problema se resolve de modo duradouro e eficaz".[67]

Contudo, sempre falamos muito sobre o direito. E sobre o dever? Como se situa, qual a sua natureza, e onde encontra sua correspondência no modelo de direito que identificamos? A ordem social vai dar o *tom* da correlação entre direitos e deveres. O decano e emérito professor da Universidade de São Paulo – USP – Godofredo Telles Júnior, afirmava que ter direitos é ter, evidentemente, as obrigações correspondentes aos direitos dos outros;[68] contudo, não é só isso. Ter deveres é condição para o próprio sujeito (que deve) conservar os direitos, e não estamos tratando aqui da noção de *direitos-função* (a que se refere a dogmática jurídica);[69] de outro modo, não estamos tratando daquelas cadeias do pensamento jurídico que afirmam a unidade do direito (em sentido objetivo-subjetivo);[70] preferimos conceber o *dever* como uma *atribuição* de *necessidade, necessitas moralis,* dizia Leibniz,[71] corre-

---

[65] Cf., *Dialética do concreto*, Rio de Janeiro: Ed. Paz e Terra, 1976,p. 26.

[66] *Apud*, MACHADO NETO, A. L., *Introdução à ciência do Direito*, São Paulo: Saraiva, 1963, p. 82.

[67] *Sistema...*, t. I, p. XXX.

[68] TELLES JUNIOR, G., *Iniciação na ciência do direito*, SãoPaulo: Saraiva, 2001, p. 273.

[69] Onde o sujeito tem a permissão e ao mesmo tempo o dever, como no caso específico dos funcionários públicos.

[70] Como é o caso da *teoria pura do direito*, de Kelsen, ou a *teoría egológica del derecho* de Cossio. A teoria pura destaca a norma, fazendo depender o direito subjetivo do objetivo, e a teoria egológica arrazoa, fundamentalmente, sobre a conduta, isto é o direito subjetivo (faculdade e dever jurídico, e não o direito subjetivo em sentido estrito), só que reconhece ser direito objetivo e subjetivo termos logicamente correlativos (cf. Batalha, *Nova introdução ao* direito, Rio de Janeiro: Forense, 2000, p. 526).

[71] Gottfried Wilhelm Leibniz (1646 – 1716) definia o direito como *"potencia moralis"* ou ainda, como *"facultas seu moralis potencia"*: *"Qualitas realis* [moralis?] *in ordinem ad actionem duplex est: potentia agendi et necessitas agendi; ita potentia moralis dicitur Jus, necessitas moralis dicitur Obligatio"* ("A qualidade real (moral?) ordenada à ação é dupla: potência de agir e

lativo do direito, que é atribuição de poder, *potencia moralis*, e subsume o binário adjetivado da relação natureza/cultura, desde a visão, *v.g.*, do justo/injusto, do legal/ilegal, etc. O dever está *travado* no valor e valora desde uma *permissão* (ser) que exige *cumprimento* (dever-ser). De outro modo, reveste uma realidade do *cultural*, pois o direito/dever incorpora uma *disposição/posição* que está dirigida ao valor da *segurança* e da *justiça*, num exercício derivado das relações de fraternidade objetivando realizar a máxima vantagem social (ou o bem comum).[72] Está em nós mesmos (portanto, está no sujeito), por isso, está na relação natureza/cultura, no sentimento que o direito envolve uma identidade em um sistema binário: justo-injusto, legal-ilegal, permitido-proibido, adimplido-inadimplido... Está em nós mesmos, já que todo direito pressupõe liberdade, mas ausente o "dever" (*v.g.*, o dever de não interditar), não há liberdade possível.

Assim, só entendida como resultado de direitos e deveres, eqüitativamente pensados (resultado de uma noção política-jurídica equilibrada), a liberdade alcança a Justiça. Contudo, assinale-se que o *direito* justo ou injusto é *direito* (desde que inserido num sistema jurídico existente, válido e eficaz), já o direito e o dever desequilibrados não; isso porque o ideal que o *equilíbrio* busca alcançar é o ideal de Justiça (e não estamos falando de uma justiça metafísica, mas de uma Justiça como uma câmara de compensações onde direitos e deveres sejam os títulos)[73] Em nosso entendimento, os direitos e deveres *equilibrados*

---

necessidade de agir; assim, a potência moral se chama direito, a necessidade moral, obrigação"), isto está em *Fragmento sem título*, in, *Textes inédits*, tomo II, Grua, París: Gastón, 1948, p. 811; obra consultada na Biblioteca Central de Universidade de Coimbra (2003); a tradução para o português foi assistida pelo Frei Emílio Kuntz, nosso professor, em Coimbra, de latim e grego, a quem expressamos nossos agradecimentos.

[72] Que nada tem a ver com a doutrina da supremacia do interesse público sobre o interesse privado. Ao contrário, realizar o bem comum, ou a máxima vantagem social é concretizar a supremacia do interesse social (popular) que reside em participação sociopolítica fraterna, desde mecanismos de conscientização para a ação que deverá ser desenvolvida numa praxis social que irá confrontar as diversas ideologias dos grupos sociais num ciclo dialético permanente.

[73] Sim, podemos pensar a Justiça como uma câmara de compensações (à semelhança de uma *Verrechnungsstelle*, ou em inglês: *Clearing House*) dos títulos inscritos como direitos e deveres. Quase sempre a Justiça está obscurecida, convenientemente, por aqueles que podem manipular o poder comunicativo social, mas eles olvidam da grandeza do poder do *ser* a que bem se referiu o grande Walt Whintman: *I am an acme of things accomplished / And I am an enclosure of things to be* (*Apud*, PROGOFF, I., *Depth Psychology and Modern Man*, New York: The Julian Press Inc., 1959, p. 90: Sou um ápice de coisas realizadas / E sou um [espaço] cercado de coisas que são). Daí que o simbolismo da Justiça acentua, sistematicamente, uma união harmoniosa de forças opostas; os pratos da balança não pesarão *olho contra olho*, e não distribuirão a *recompensa* e o *castigo*. As complexidades do ser humano não podem ser assim, mecanicamente,

estão no mundo do *cultural* sobreposto ao *natural*, em uma relação de dependência *factual*. Por isso, estão, incorporados em uma ação (ou estrutura) de relevância social (pois a idéia-valor que o social lhes implica não é arbitrária); ainda mais, é a força que deve subordinar-se ao direito; todavia, é evidente que somente numa sociedade ficta, o direito dispensaria a força, o respeito devido seria autógeno.[74] De qualquer forma, direitos e deveres equilibrados servem como instrumentos de resistência, pois eles, nesta situação, articulam uma especial forma de *ser* e de *dever-ser*, isto é, do fático e do normativo (*natural/cultural*), da realidade e da normatividade, o que leva a *juridicidade* que é sempre articulação da normatividade e da realidade, como bem afirmou Baptista Machado:[75]

> [...] é certo por um lado que o conteúdo normativo-valorativo do Direito não depende da eficácia (vigência social); mas, por outro lado, também o é que os valores ideais só são jurídicos-positivos, só têm juridicidade, quando se institucionalizam na ordem social real vigente.

---

determinadas. A *espada da* Justiça não está aí para ferir os perversos, ou para agradar os virtuosos, seu símbolo é maior, está implicado a *reconciliarmos* em um mundo em que os trapaceiros parecem prosperar e os inocentes acabam em um monte de esterco. De outro lado, *Jó* não foi o primeiro e certamente não será o último desse estado de coisas, mas seguirá sempre determinado que, ao fim e ao cabo, a Justiça triunfará. O dois pratos da balança da justiça permanecem vazios, prontos para aceitar e receber a *dualidade* humana. Somente depois que aceitarmos a complexidade de nossa natureza seremos capazes de abordá-la e compreende-la. Os místicos vêm nos pratos o numero oito, também o signo do infinito [∞], os dois círculos do oito perpassada por dois eixos, um superior, o vertical (celeste), outro inferior, o horizontal (terreno), que lhe dá equilíbrio. A Justiça, assim, é mediadora de duas realidades, não mira nem a balança nem a espada, sua visão é *interior*, e sua venda está ali para que não se confunda com o detalhe e a parcialidade pessoal. Nossos tribunais de justiça mantém um equilíbrio de trabalho entre o indivíduo e o Estado, e entre um indivíduo e outro. A solução legal não é determinada por uma régua de cálculo. O querelador que vence uma ação judicial nunca recuperará exatamente o que perdeu, seja a saúde, os bens materiais, o tempo precioso ou o nome honrado. O tribunal só pode adjudicar-lhe uma *compensação*. A natureza, igualmente, oferece *compensações*, ainda que ai, também, nunca se recupera exatamente o que se perdeu, *v.g.*, quando se debilita um sentido, os demais tornam-se mais aguçados. O que quer que se ganhe nunca é idêntico ao que se perde, nem se poderá dizer que seja, precisamente, o oposto mas, de um modo especial, *compensa* a perda da capacidade debilitada. Os tribunais são instrumentos úteis para conseguir certos tipos de *compensação* e equilíbrio social (Cf. Pereira da Câmara, A., *O valor Justiça, manifestação, no plano social, da vontade criadora e redentora de Deus*, in, AJURIS, nº 6, Porto Alegre, 1976.

[74] Do grigo αυτογνες – autogenés, isto é, que se gera a si mesmo.

[75] BAPTISTA MACHADO, J., *Introdução ao Direito e ao discurso legitimador*, Coimbra: Livraria Almedina, 1999, p. 42.

3. O direito e o ambiente

3.1. O direito só o *é* no espaço social. Aí ele é *permissão*

O aforisma latino *ubi societas, ibi ius* bem revela o lugar do direito. É no espaço social que o direito tem lugar, como fenômeno jurídico que *é*, só existe na tessitura do social, tramado na história que se desenvolve neste campo, comprometido com o tempo social. O direito está ali, onde se faz a *divisão do trabalho* (em ambiência natural ou cultural) que é um fator fundamental da organização da sociedade; portanto, quanto mais complexa e diferenciada a *divisão do trabalho*, mais elevado o índice de progresso e civilização da sociedade dentro do primado da solidariedade orgânica, e mais bem-elaborado é o direito. E é nesse *cronotopos* social que o direito se revela, equilibrado, também como *permissão*, como atribuição de poder, *potencia moralis*, dizia Leibniz,[76] que permite ao sujeito o uso de suas faculdades.[77] Essa permissão, ou no plural, permissões, nos são atribuídas por meio *das* normas jurídicas, e não *pelas* normas jurídicas, e têm eficácia no seu particular espaço de juridicidade.

A adjetivação ao direito de *subjetivo* tem sua origem no latim *subiectum*,[78] *subiectum*, submeter, subordinar. que distingue o que está submetido, o que é sujeito (o *ser* do qual se predica alguma coisa) ou objeto das permissões, que o ordenamento (no caso, o jurídico) atribui ou concede. Opostamente, a adjetivação ao direito de *objetivo*, de

---

[76] Veja-se nota de pé de página nº 70, *retro*.

[77] Note-se que em lingüística o termo *permissão* é utilizado, também, no sentido daquela figura que se comete quando o que fala finge permitir ou deixar ao arbítrio alheio uma coisa (há uma ficção na permissão), mais ainda, de expressar o consentimento (que é também tolerância).

[78] Mais precisamente, *subicio* → *subiectum*, submeter, subordinar.

objectum, revela bem o conceito de uma propriedade que está fora do sujeito, objeto de *objectum*, o que está fora e está diante do sujeito, e não nele incorporado. Já o Professor Godofredo Telles Júnior dizia que o direito, em sentido objetivo, norma, é lei, uma estrutura ou conjunto normativo que se acha no espaço do jurídico.[79] Atente-se que as permissões, como afirmamos, são atribuídas *por meio* da norma, ou conjunto de normas jurídicas, e não *pelas* normas (as próprias normas) e isso é importante; é importante porque coloca bem a *posição* do direito no ciclo natureza/cultura, desde uma tensão dialética *posição/disposição* do sujeito e das coisas (que vamos examinar na epígrafe seguinte).

Matizemos, as normas não concedem *permissões*, nenhuma norma. A norma descreve uma situação de fato (não importa se concreta ou abstrata), implica alguma coisa, ou prescreve uma conduta. *As permissões são dadas pelos sujeitos*, as normas estão na adjetivação que se faz da relação natureza/cultura. O sujeito que observa e é submetido pela relação adjetivada em direção a um direito-dever, está *autorizado* a fazer ou deixar de fazer alguma coisa (já prevista na norma que incidiu) através de uma entidade, a manifestação de uma pessoa, no singular ou no plural, natural ou jurídica, ou mesmo, de qualquer outra espécie, como o *povo*, por exemplo. O caráter jurídico da *permissão* está, sublinhe-se, na norma jurídica que prevê, vale dizer, *vê com antecipação* das pessoas que a concedem. Isso nos indica que as *permissões* podem ser jurídicas e não-jurídicas. As primeiras são aquelas que estão na zona da juridicidade, dentro do espaço do jurídico; as outras... bem, as outras também são autorizações, mas de outro nível, o pluralismo normativo acentua isso, desde o uso de diversas matrizes culturais, como a religião, a ética, a estética, a política, a economia ou a ciência e outras atuantes em um espaço-tempo social.[80]

---

[79] Cf., *Introdução...*, p. 257.

[80] Note-se que na presente exposição não estamos referindo a expressão *permissão* (ou seu plural) o significado que lhe é dado pela lógica deôntica, quando trata das expressões deônticas: obrigatório, proibido ou permitido, até porque nesses casos a expressão é sempre ambígua. Contudo, aproximamo-nos de Alchourrón-Bulygin no sentido que "a capacidade para permitir supõe a capacidade de ordenar", vale dizer "um indivíduo A pode permitir a B a realização da conduta p, se e somente se, A pode ordenar a B que faça ou deixe de fazer p" (ALCHOURRÓN C., e BULYGIN, E., *Sobre la existência de las normas jurídicas*. Valencia (Venezuela): Universidade de Carabobo, 1979, p. 36). O importante é ter presente que toda *permissão*, como a entendemos, deve estar acompanhada de *competencia*.

3.2. O direito do ambiente

O *direito do ambiente*, por elipse, e tautologicamente,[81] o direito do meioambiente, o direito socioambiental, que só existe no plural, é um *domínio de regulação do entorno*; de regulação e de emancipação dos seres humanos que relacionados que ali estabelecem convivência (harmoniosa ou não). Relação esta imediata ou mediata. As fronteiras do entorno e o espaço de convivência não exigem necessariamente contigüidade. Objeto peculiar do direito do ambiente é a singularidade dos bens jurídicos tutelados, públicos, privados ou sociais na maior parte das vezes, mas surgidos quase sempre dos movimentos sociais organizados. Ele se constituiu desde uma tensão especificamente humana e contraditória: de um lado, a cobiça, estimulada pela mercadização da natureza (num sentido crematístico explícito), fundada numa idéia de desenvolvimento não importando o custo, típica do individualismo liberal-econômico; de outro, o avanço civilizacional fundado no primado dos interesses humanos atuais e futuros, que reclamam proteção *erga omnes*.[82]

O ambiente é sujeito e objeto do direito! A afirmação de sujeito de direito pode escandalizar alguns mais dogmáticos; contudo, se mirarmos a realidade, no direito encontraremos muitos sujeitos que não são humanos, as pessoas jurídicas, as universalidades de direito, os órgãos formais destituídos de personalidade jurídica, e outros [...]. Como sujeito de direito, o Ambiente é uma universalidade de bens naturais e culturais que são, relembremos, adjetivações da relação natureza/cultura; como objeto, está representado por um conjunto de recursos naturais, renováveis e não-renováveis, e pelo agir humano sustentado pela relação natural/cultural.[83] Neste contexto, no direito

---

[81] Aqui utilizada a expressão no sentido de uma proposição analítica que permanece verdadeira, uma vez que o atributo é uma repetição do sujeito.

[82] A propósito, vale lembrar o excelente e precioso estudo de Juliana SANTILLI, *Socioambientalismo e novos direitos – Proteção jurídica à diversidade biológica e cultural*. São Paulo: Peirópolis, 2005.

[83] Atente-se que a Carta de 1988, adota a integralidade da adjetivação que se faz da relação natureza/cultura: natural/cultural (como a entendemos, cf. *retro*, p. 10-12; 14-16; 33), pois sua perspectiva unitária, holista, tanto os bens naturais como os culturais, o que levou Carlos Marés a escrever: "[...] o meio ambiente entendido em toda a sua plenitude e de um ponto de vista humanista, compreende a natureza e as transformações que nela vem introduzindo o ser humano. Assim o meio ambiente é composto pela terra, a água, o ar, a flora e a fauna, as edificações, as obras de arte e os elementos subjetivos e evocativos, como a beleza da paisagem ou a lembrança do passado, inscrições, marcos ou sinais de fatos naturais ou da passagem dos seres humanos.

ambiental, a preservação do ambiente assume relevância, e a implantação de modelos de desenvolvimento sustentado revela-se como uma preocupação fundamental da sociedade e, por óbvio, para o direito, já que a degradação ambiental (incontida) pode conduzir a impossibilidade de sobrevivência da humanidade. Daí, a produção normativa para garantir um *equilíbrio* da relação natural/cultural, garantindo assim, as condições de integridade e renovação dos sistemas naturais. Tudo isso se concretiza num *jogo* cujo *trunfo* é promover um ambiente equilibrado e sustentável para as gerações atuais e futuras.

3.3. O núcleo do conceito de direito ambiental ou do ambiente

Sempre buscamos formular conceitos para as representações que fazemos dos seres e das coisas. Eles, os conceitos, são instrumentos fundamentais do pensamento na busca de identificar, de descrever e classificar os mais diferentes aspectos da realidade procedentes da relação matriz natureza/cultura e da sua adjetivação. Trabalhar com conceitos, portanto, é lançar pontes que nos habilitam cruzar conhecimentos, dialogar com o cognoscível. Na seara do conhecimento jurídico não é diferente, elaboramos conceitos para aproximarmos da realidade, examinamos os contextos para compreender as narrações. Se entendermos o fenômeno jurídico desde uma *razão de equilíbrio do que tende a opor-se*, instrumentalmente, como um *processo de adaptação e corrigenda das relações inter-humanas* em um espaço social dado, a compartição dos elementos formadores desta razão, ou dos meios de adaptação, exigem a formulação de conceitos abstratos, mais ainda, quando sobre esses modais[84] do pensamento se tem a pretensão de constituir ciência. No caso específico do direito ambiental, fragmentando o conceito de direito, apenas com o propósito pedagógico, podemos entendê-lo desde as mais distintas perspectivas. Assim, os doutrinadores formularam seus conceitos desde diferentes perspecti-

---

Desta forma, para compreender o meio ambiente é tão importante a montanha, como a evocação mística que dela faça o povo. Alguns destes elementos existem independente do homem: os chamamos de meio ambiente natural; outros são frutos de sua interveenção e os chamamos de meio ambiente cultural" (MARÉS DE SOUZA FILHO, C. F., *Bens culturais e proteção jurídica*. Porto Alegre: Unidade Editorial da Prefeitura, 1997, p. 9).

[84] No sentido de tudo aquilo que é relativo ao modo particular por que se deve executar ou cumprir algo.

vas. Rodgers pensa o direito ambiental, ou do ambiente de modo macro, perspectivando uma governança internacional do meio ambiente, ou como *o direito do governo planetário*;[85] Winter, mais intimista, em inglês, o pensa como *the Law regulating the relationship of us to nature, understood both as the world around us and as the nature we carry within ourselves*;[86] já Hugues, pragmático, vai definir o direito ambiental como aquele destinado a regular o uso, a proteção e conservação dos três elementos do entorno: terra, ar, e água.[87] Na Espanha, Ortega Alvarez vai lecionar no sentido que o direito ao meio ambiente está caracterizado pela *finalidade* de suas normas, desde um enfoque teleológico, propiciando a aparição de *princípios próprios*, impositivos, para fazer possíveis esses fins (manutenção, proteção da ambiência e outros...).[88] Muitos outros conceitos são passíveis de formulação e foram esgrimidos por agudos pensadores da matéria.[89] Seja qual for o conceito, *nuclearmente*, o direito ambiental é um *produto cultural*, destinado a estabelecer um procedimento de proteção e corrigenda dos defeitos de adaptação do ser humano ao *habitat*, numa relação inclusiva de condições bióticas e abióticas; está dominado por *normas* (princípios e regras) e *técnicas* que estabelecem um mínimo de segurança e que defendem, promovem, conservam e restauram o "meio ambiente". Tem, necessariamente, que ser encarado desde uma perspectiva global, já que a contaminação e a degradação ambiental não obedecem às fronteiras políticas ou geográficas.

---

[85] *Environmental Law*, West Publishing Co., St Paul, Minnesota 1977, p. 1; consultado na Biblioteca da Faculdade de Direito da Universidade de Sevilha (2002).

[86] *Perspectives for environmental law – Entering the fourth phase*, in, *Journal of Environmental law*, vol. 1, nº 1/41, 1989, p. 38; consultado na Biblioteca da Faculdade de Direito da Universidade de Sevilha (2002): O direito que regula nossa relação com a natureza, entendida ao mesmo tempo como o mundo ao nosso redor e a própria natureza que levamos dentro de nós mesmos.

[87] *Environmental Law*, Third Edition, Butterworths, Londres, 1996, p. 3.

[88] *Lecciones de Derecho del Medio ambiente*, Lex Nova, Valladolid, 1998, p. 49-50; consultado na Biblioteca da Faculdade de Direito da Universidade de Sevilha (2002).

[89] Cf., entre outros, o excelente trabalho de SILVA, J. A. da, Direito Ambiental Constitucional. 5ª ed. São Paulo: Malheiros, 2003, p. 19-20; pela amplitude do conceito de "meio ambiente", FIORILLO, C. A. P., ABELHA RODRIGUES, M., e, ANDRADE NERY, R. M., *Direito Processual Ambiental Brasileiro*. Belo Horizonte: Del Rey, 1996, p. 30-31; complexo normativo de MILARÉ, E., *Direito do Ambiente*. São Paulo: Revista dos Tribunais, 2000, p. 93; pelo triasico de fontes de ANTUNES., P. de B., *Direito Ambiental*. 3ª Rio de Janeiro: Lumen Juris, 1999, p. 09-10; ou pela função instrumental de MUKAI, T., *Direito ambiental sistematizado*. 3ª ed. Rio de Janeiro: Forense Universitária, 1998, p. 32.

3.4. O ambiente: um bem tutelado

O ambiente, ademais de ser, em nosso entendimento, sujeito de direito, revela-se ainda como um bem juridicamente tutelado. Com esta afirmativa, duas podem ser as opções compreensão desta tutela: uma, a proteção da relação adjetiva natural/cultural, enquanto um bem *do* e *para* o ser humano; e, outra, enquanto um bem próprio desta relação[90] numa perspectiva holodimensional. A primeira está a se ver, de matiz nitidamente antropocêntrica, ou como diz o jurista português José Cunhal Sendim, uma visão "unidimensional e puramente instrumental da natureza que tem vindo a fundamentar dogmaticamente o Estado de direito Ambiental e que serve à generalidade das decisões jurídicas e econômicas susceptíveis de ter incidência ambiental".[91] A segunda tem um horizonte mais largo e integrador, vê o subproduto da relação natureza/cultura, o ambiente, como sujeito, atribuindo-lhe *uma dignidade autônoma* como tem proclamado Hans Jonas,[92] é uma visão ecocêntrica, pois corresponde a uma "consideração valorativa do Homem enquanto parte integrante da Natureza. O princípio antropocêntrico é substituido por um princípio biocêntrico, não no sentido em que o valor Natureza se substituiu ao valor do Homem, mas sim no sentido em que o valor radica na existência de uma comunidade biótica em cujo vértice nos encontramos".[93]

---

[90] Cf., o aprofundado estudo de CANOTILHO, J. J. G., *Procedimento administrativo e defesa do ambiente*, in, RLJ – Revista de Legislação e Jurisprudência, Faculdade de Direito da Universidade de Coimbra, n° 3794/3799, p. 290, compulsada na Biblioteca da Faculdade de Direito da Universidade de Coimbra (2003).

[91] SENDIM, J. C., *Responsabilidade civil por danos ecológicos. Da reparação do dano através da restauração natural*, Almedina, Coimbra, 1998, consultada na Biblioteca Central da Universidade de Coimbra (2003).

[92] Cf., JONAS, H., *El princípio de responsabilidad. Ensayo de una ética para la civilización tecnológica*, Herder, Barcelona, 1995, p. 34-35, 140, 227-232, 302, 338-341.

[93] SENDIM, J. C., *Responsabilidade...*, p. 94.

4. A dialética *posição-disposição*

4.1. As derivações do núcleo significativo *posição-disposição*

Consultando-se os léxicos, para o substantivo *posição* temos em grego duas formas: στασις (σταση) (*stásis*) e τθεσις (*thésis*), a primeira, significando posição enquanto *postura*, *posto*, mas também, *sublevação*, *rebeldia*; a segunda, indicando o lugar onde uma ação ou proposição afirmativa se dá, esses significados passaram para o latim *positio*, estar localizado num ponto (geográfico, retórico...) revelando uma polissemia que indica já múltiplos sentidos e estados de *ser* (ou do *ser* das coisas), e compõe outras tantas expressões significativas para o estudo do direito.

Antes de maiores considerações, vamos refletir sobre, entre outros, os significados que a expressão pode gerar:

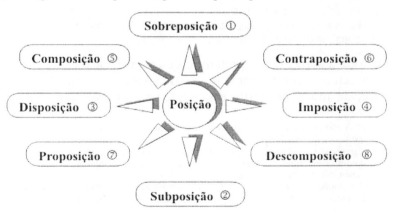

A "*rosa-dos-ventos*", supra, que implica o núcleo expressivo *posição*, é capaz de gerar muitas outras expressões significativas.[94] Fixar-nos-emos em algumas como está acima. Com os prefixos *dis-*, *des-*, *sobre-*, *sub-*, *com-*, *con-*, *pro(s)-*, *im-*, ensinam-nos os doutos:

– em ①, o prefixo do grego εϱι (com o genitivo εψ) para o latim *super*, determina aquilo que se coloca acima ou que se acrescenta, *aposição*; em ②, o prefixo do grego υπο para o latim *sub*, implica estar sob, abaixo de..., no grego já definia uma idéia de subordinação (υποτασσω);

– em ③, o prefixo grego δις expressa *duas vezes*, ou duplo, levando a idéia de lugar e ordem de potência (Aristóteles), onde disposição[95] (διαθεσις, ou τοποθετηση) ou ordenação revela um topos que conforma uma atitude ou modo de ser de algo, para o latim, *dis-*, com várias acepções: separação, negação, intensidade, ainda revela ordem, arranjo, seriação, etc.;

– em ④ o prefixo επι forma o verbo επιβαλλω, que é obrigar, forçar, para o latim *impono* transliterando o substantivo *impositio*, para o verbo *imposito* particípio de *imponere*, dando a idéia de atribuir encargo, daí *imposto* nos vários sentidos que, pendente a ciência que se estuda, adjunta-se compulsoriedade;

– em ⑤ o prefixo *com-* como já indicado

– em ④ afirma a coexistência ou conjunto de seres que compõem algo;

– em ⑥ do grego αντι (αντιστασαη, tomar o partido oposto, contraposição) para o latim *contra-*, que revela inversão, para o radical *contrapositio*, dando a idéia de posição contrária, também, objetar;

– em ⑦, do prefixo grego προ, *por adiante* ou a causa de, para προτασαη (fazer uma proposta, proposição), para o latim *propositio* (*propositum* de *proponere*) revela bem o ato de propor; mais ainda, o juízo de uma expressão mental falsa ou verdadeira;

– em ⑧ *de(s)-com-posição* os prefixos *des-* indicando negação, e *com-*, (*cum*) reunião, coexistência no tempo e no espaço, junção, expressa a idéia de negação de algo já organizado ou atitude descomedida.

De toda a sorte, sem a pretensão de aprofundar e esgotar o tema, já que não temos a competência lingüística para tal, o que se pretendeu acima foi, de modo primário, estabelecer a *conexão significativa* do

---

[94] Muitas outras são possíveis, como: anteposição, *reposição, oposição, interposição, transposição, predisposição, exposição*, etc.

[95] Do grego διαθεσις indica o repartimento de uma realidade significativa devida na ordem do real (do todo) como o entendeu Aristóteles, "Se llama disposición al orden de lo que tiene partes, partes que pueden darse en la relación de lugar, o en el orden de potencia, o en el de la especie. Es preciso efectivamente, que haya en todo ello cierta posición, como el nombre mismo de disposición lo indica" (Aristóteles, *Metafísica*, 1022b, cap. 19, 2ª ed. Madrid: Aguilar, 1967, p. 973).

núcleo *posição* nas derivações apontadas. *Posição* é um substantivo que no grego se diz στασις, θεσις, ou καταστασις. Todas essas expressões revelam um mesmo conceito de posição no latim ou no português, vale dizer, uma postura desde uma atitude ou modo em que o ser está posto, ou o *topos* (estratégico ou não) ocupado por ele; também revela uma categoria ou condição (social, política, jurídica, moral, estética, epistêmica ou econômica); ainda, uma maneira de pensar ou de agir. Essas situações, ou modo de ser, são importantíssimas para o estudo do direito. *Disposição* também carrega uma riqueza de significados muito grande, em grego clássico e demótico: διαθεσις, διαταξη, τοποθετηση, κανονισμος, para o latim *dispositio* (núcleo latino *pono*), revelando o modo como os seres (ou as coisas) estão organizadas, segundo sua conveniência ou necessidade; ou, como estão distribuídas as categorias ou partes determinadas.[96] Subjetivamente, revela um estado de ânimo ou capacidade e aptidão para determinada ação. Portanto, *disposição* tanto pode ser o que está ordenado e classificado, bem como uma decisão, tendência ou inclinação do *ser* para algo. Por isso mesmo, pensamos na existência – sempre presente – de uma tensão dialética entre *posição/disposição* que ocorre no plano jurídico; contudo, não entendemos aí uma dialética de elementos contrários, sim uma dialética semelhante a pensada pelo platonismo, isto é, a procura por uma *razão dialógica* entre interlocutores comprometidos efetivamente com a busca da veracidade, através da qual o *discurso* ou a *narração* possa evoluir gradativamente das aparências sensíveis às realidades inteligíveis ou idéias.

Uma dialética assim tensiona a *posição* e a *disposição* (dos seres e das coisas) entre sujeitos relacionados no amplo campo do jurídico.

4.2. A dialética posição/disposição

Todo o direito está impregnado pelas significações de *disposição* e *posição*. O núcleo – o sujeito – domina todas as *posições*, positivas ou negativas; nos círculos, em que se insere esse mesmo sujeito, estão as *disposições*, objetivas ou subjetivas.

---

[96] Cf. nota 91 *retro*.

O próprio sistema jurídico, integralmente, é dominado por *disposições* que estabelece e *posições* que atribui; veja-se o caso do denominado direito objetivo, dispondo sobre os modos e meios de adaptação e corrigenda das relações inter-humanas no espaço/tempo social; ou o caso do denominado direito subjetivo, com a atribuição de posições aos sujeitos relacionados.

A tensão fica mais forte ainda se pensarmos, como os americanos, em *law in actio* e em *law in the books* e a inter-relação social daí decorrente. No âmbito pedagógico do denominado *Direito do Meio Ambiente*, do *Direito Ambiental*, esta tensão é permanente, e o exercício dialético auxilia muito para que sejam estabelecidos os vínculos *fraternais* indispensáveis para a concretude das relações dos sujeitos com o entorno desde uma fundada *segurança jurídica*, especialmente sobre os direitos que lhes são atribuídos. O esquema a seguir procura estabelecer algumas idéias em torno da relação *posição/disposição*:

A dialética[97] *posição*/disposição está suportada por dois primados que permeiam toda a narrativa jurídica: *a dignidade da pessoa humana* e a conseqüente *segurança jurídica* que lhe é emprestada. Sobre a definição de dignidade da pessoa humana, Ingo Wolfgang Sarlet[98] deu-nos um conceito analítico admirável:

> [A dignidade da pessoa humana consubstancia-se na] qualidade intrínseca e distintiva reconhecida em cada ser humano que o faz merecedor do mesmo respeito e consideração por parte do Estado e da comunidade, implicando, neste sentido, um complexo de direitos e deveres fundamentais que assegurem a pessoa tanto contra todo e qualquer ato de cunho degradante e desumano, como venham a lhe garantir as condições existenciais mínimas para uma vida saudável, além de propiciar e promover sua participação ativa e co-responsável nos destinos da própria existência e da vida em comunhão com os demais seres da humanidade.

Este conceito nos é muito caro, pois em nossa tese doutoral[99] dizíamos:

> [A dignidade humana está contemplada não só, nos] derechos que "me reconocen", sino también en los derechos que "he de reconocer" en los demás y que, por lo tanto, me imponen un deber de comportamiento hacia mí mismo y hacia los otros. Es en este sentido que los derechos humanos deben reconocer la dignidad de la persona y han de ser respetados, y es desde el reconocimiento y el respeto que emerge la reciprocidad que por su vez exige la responsabilidad y consecuente redistribución del poder social.

Portanto, respeito, reconhecimento, reciprocidade, responsabilidade e redistribuição do poder social são preceitos da atribuição de dignidade humana. Se eu não reconheço o *outro*, não posso exigir igual tratamento; mas, de nada vale o reconhecimento e a reciprocidade se não houver responsabilidade, e a responsabilidade só pode ser exigida quando existente a distribuição eqüitativa do poder social. Sem esses mandamentos, qualquer atribuição de dignidade ao ser humano é vazia. Mas esses mandamentos nada valem, também, se destituídos da corres-

---

[97] Atente-se: não se trata de uma dialética de elementos contrários, sim de um procedimento que busca uma *razão dialógica* entre interlocutores comprometidos efetivamente com a busca da veracidade, através da qual o *discurso* ou a *narração* possa evoluir gradativamente das aparências sensíveis às realidades inteligíveis ou idéias. Se pode ver isso em Platão, no diálogo de *Crátilo* ou da *Exatidão da Palavra*, in, *Obras Completas*, trad. do grego de vv. aa., Aguilar, Madrid, 1969, q. 390c, p. 513-514.

[98] SARLET, I. W., *Dignidade da Pessoa Humana e Direitos Fundamentais na Constituição Federal de 1988*, 3ª ed., Porto Alegre: Livraria do Advogado, 2004, p. 59-60.

[99] *Refutación de la escisión derechos y deberes Humanos, por una deontología radical de los Derechos Humanos*. Sevilla: Universidade Pablo de Olavide de Sevilha, Faculdade de Direito, Departamento de Filosofia e Direito Público, 2005, p. 656.

pondente *segurança jurídica* na efetividade dessa atribuição. Contudo, não devemos reduzir o conceito de *segurança jurídica* a permanência do sistema jurídico como normativos especulares de mera ficção retórica; como dizia Pontes de Miranda, muitas vezes *a permanência da estabilidade é injustiça*. Atente-se, que não reside a *segurança jurídica* na estabilidade de leis, códigos, quando esses normativos não respondem a critérios justos;[100] por isso, o conceito de *segurança jurídica* deve vir acompanhado indelevelmente de um conceito de justiça, não de um conceito *engessado* que reflita a existência de uma justiça *mecânica*, resultado de operações lógicas que se firmam em cálculos proposicionais sofisticados; sim, de uma justiça cuja lógica seja *relacional*, onde o juízo se realize por um cálculo de predicamentos Assim, *segurança jurídica* e o *ideal de uma justiça predicamental*, procedimental, declaratória, distributiva e corretiva, andam de mãos dadas. Sua efetividade é resultado da *convicção* (do corpo social, plural) que serão aplicadas medidas compensatórias e eqüitativas sempre que ocorrer disfunção no *processo de adaptação e corrigenda* das relações inter-humanas, com um critério que atenda valorativamente o direito como *produto cultural* que reside, concretamente, no patrimônio (*con*)-*textual* coletivo, e aí, cabe tudo: religião, estética, ética, política, direito, economia, ciência, moda...

Assim, esses dois primados, *dignidade da pessoa humana* e *segurança jurídica*, conformam uma dialética *posição/disposição* que, entre outras, estabelecem *relações com o ambiente*, relações estas que estão tensionadas por um conjunto de *informações ambientais* provenientes das mais variadas fontes – por isso, transdisciplinares – que são postas num amplo *espaço de debates*, lugar onde as mais diferentes opiniões (a δοκεω, dos gregos que além de opinião era também juízo e revelava-se nos seus objetos que são as coisas sensíveis e as opiniões vulgarmente sustentadas pela humanidade)[101] são manifestadas, desde os mais diversos sentimentos que vão conformar uma educação ou cultura para ... uma παιδεια (*paidéia*) grega, que lança as bases para uma παιδαγωγια (*pedagogia*) no seu mais estrito sentido, que é instruir, mas também governar.

---

[100] Cf., *Sistema...*, t. IV, p. 194.
[101] Cf., PETERS, F. E., *Termos filosóficos gregos,* trad. De Beatriz Rodrigues Barbosa, Fundação Calouste Gulbenkian, Lisboa, 1983, p. 56-57.

Nestes breves traços de uma dimensão dispositiva, pode-se encontrar todo o necessário para conformar as relações dos seres humanos com o ambiente; claro está, não esgotamos as variáveis que cada um desses modais podem proporcionar, e não é o lugar aqui para fazê-lo, ademais de não sermos competentes para tal empresa; mas, o que aí está, é suficiente para os nossos propósitos.

Já no pólo *posição* – lembremos que, em grego θεσις [θεσς] *thésis* – está o que corta a compactação sujeito/objeto em sujeito *e* objeto e distingue a condição de cada sujeito em relação ao entorno, onde assume proposições fundadas em narrativas, argumentos ou processos discursivos, onde estão os *topoi* que se estabelecem, de um lado, *juízos críticos*, e de outro, se firmam ações deliberadas ([que incorporam *disposições*], que Aristóteles denominava de προαιρεσις *proaíresis* ou princípios pelos quais se atua [de modo político ou de outro modo])[102] conformadora da *praxis ambiental*. O *juízo crítico* se estabelece, por derivação da relação *posição/disposição*, num *constructo* lógico resultante de uma ação intelectiva, via de regra, este juízo é assertórico, pois não exclui uma possibilidade de contradição lógica, ao contrário dos apodícticos que têm a pretensão incondicional de suas certezas, ou de sua validez necessária (comum na dogmática radical). O *juízo crítico*, depois da operação de análise dos princípios, idéias e percepções das narrativas, textuais ou não, que lhe foram apresentadas, processa uma apreciação epistêmica, ou razão lógica de cunho político, moral, estético, ou de outra ordem sobre o objeto investigado; e, é desde aí, que se produzem os movimentos que se institucionalizarão através de *organizações ambientais*, que são entidades ou conjunto de pessoas providas dos meios necessários para alcançar fins determinados.

As derivações desses dois pólos da relação *posição/disposição* estão em permanente tensão, e geram outros tantos produtos culturais, que cabem na relação adjetivada *natural/cultural* da matriz única *natureza/cultura*. O procedimento é circular-complementar, interativo e auto-reflexivo, com o fim de estabelecer *relações de responsabilidade* (dialética posição/disposição de direito/dever), no caso, *responsabilidades ambientais*.

---

[102] Isto está em Aristóteles, na sua *ética nicomaquea*, no liv. I, cap. 13, q. 1102b, sobre as virtudes morais; e, também, no liv. III, cap. 3-5, q. 1113a que trata das eleições que se faz; in, Aristóteles, *Etica Nicomaquea, in, loc. cit*, p.1185, 1200-1202.

DIREITO AMBIENTAL – PROIBIÇÃO DE RETROCESSO

Responsabilidade, abstratamente, revela um significado vago e ambíguo. Vários autores trataram desse conceito segundo a ciência em que estavam inseridos. No cenário jurídico, são relevantes as noções de Kelsen, Hart, Ross, Pontes de Miranda e tantos outros; no entanto, não é aqui o lugar apropriado para tratarmos deles pormenorizadamente, bastando-nos à tentativa de uma utilização clara e primária de sua significação. Seguindo Hart, para o nosso propósito, e no âmbito da *responsabilidade ambiental*, vamos referir, resumidamente, quatro de seus sentidos: (a) *Role-Responsibilty*; (b) *Casual-Responsibility*; (c) *Liability-Responsibility*; e, (d) *Capacity-Responsibility*.[103] Em (a), temos a *responsabilidade-função*, derivada do papel ou encargo que está cometido a alguém e que lhe confere uma certa margem de decisão; em (b), a responsabilidade como *relação causal* (no sentido de *eventual, ocasional*) decorre da derivação de um fato e suas conseqüências, portanto pode ser atribuída aos atos humanos, a atividade dos animais ou de coisas ou fenômenos, não se atribuindo carga valorativa; em (c), a responsabilidade como *sancionabilidade*, ou *imputabilidade*, é aquela resultante de imputação legal *stricto sensu*; em (d), é a responsabilidade como *estado* ou *capacidade mental*, onde o que se busca é a *consciência* por parte do agente, do ato gerador de conseqüências responsabilizáveis.[104] Em qualquer perspectiva, vale muito para aclarar a noção de responsabilidade, a sua origem etimológica latina: *respondere* que é estar obrigado a uma pena ou ressarcimento. Dotados desses sentidos se pode ensaiar uma concepção, imperfeita por certo, de responsabilidade, que poderia ser a seguinte: "uma asserção expressiva de um juízo negativo, resultante de uma reprovação jurídica, que incidiu sobre uma conduta de um sujeito relacionado, que transgrediu, ou desrespeitou, um normativo disposto".

No cenário ambiental, a responsabilidade está mais perto do núcleo etimológico, quando os sujeitos da relação *posição/disposição* são capazes de assumir compromissos, de *responder* pela proteção, promoção e manutenção do ambiente, e são também imputáveis pela degradação desse mesmo. Certamente, a derivação propositiva das *relações com o ambiente*, desde bem definidas as *responsabilidades ambientais*, tem que se dar através da *fraternidade*, isto é, através de

---

[103] HART, H. L. A., *Punishment and Responsibility: Essay in the Philosophy of Law*, 2ª ed., Clarendon Press, Oxford, 1970, p. 212) consultada na Biblioteca da Faculdade de Direito da Universidade de Coimbra (2003).
[104] *Op. cit.*, p. 212-214.

relações harmoniosas e de união entre aqueles que vivem em proximidade,[105] ou que lutam pela mesma causa. De tal contexto deriva imediatamente um, entre outros princípios fundamentais para a dialética *posição/disposição* em direito ambiental: a *proibição de retrocesso ambiental*, que se revela como um princípio que preferimos denominar, em termos de *segurança jurídica* para a efetividade dos *direitos fundamentais ambientais*, de *princípio de proibição da retrogradação socioambiental*,[106] que revela um objeto específico: vedação da degradação das condições ambientais,[107] já que retrogradar expressa melhor a idéia de retroceder, *de ir para trás*, no tempo e no espaço. Ainda mais, o que o direito ambiental objetiva proteger, promover e evitar é que o ambiente seja degradado, portanto, intensamente deve coibir a retrogradação que representa uma violação a direito fundamental. Assim o é pois, ao atingir-se um estado superior, retornar a estágios inferiores é contra o mais comezinho primado da evolução dos seres e das coisas.

Em ensaio de rigor técnico-científico, Sarlet já tratou do tema da *proibição de retrocesso*[108] sistematicamente – no âmbito dos direitos fundamentais sociais – e de modo tão abrangente que se insere em nosso discurso jurídico como um todo. Não ousaríamos acrescentar mais;[109] contudo, faremos algumas breves considerações suportadas pelo trabalho de Sarlet e no diagrama que construímos na página 58 *retro*. O título deste ensaio é de lavra de Sarlet, nele vemos duas proposições significativas: *mínimo existencial ecológico* e *proibição*

---

[105] Em espanhol o termo *proximidade* tem seus sentidos grafados de duas formas: próximo derivando *proximidad* (*subs. fem.*, qualidade de próximo e lugar próximo) e *prójimo* (*subs. mas.*, qualquer homem com respeito a outro, considerados sob o conceito da solidariedade humana), quando em determinado momento tratamos de *relação de proximidade*, que muito se presta para as relações ambientais, cunhamos o neologismo "*projimidad*" para indicar: "relação de *projimidad*", es decir, relación del ser con su prójimo mientras él [ser] es recíprocamente *prójimo* también, y puede, además, estar "*próximo*". Assim, muito apropriada a relação de "*projimidad*" quando tratamos das relações fraternas dos seres com o ambiente.

[106] *Socioambiental* está aí como adjetivo que supera a dicotomia público/privado em matéria de direito ambiental.

[107] Adiante esclareceremos o uso da expressão *vedação*.

[108] SARLET, I. W., *Direitos fundamentais sociais e proibição de retrocesso: algumas notas sobre o desafio da sobrevivência dos direitos sociais num contexto de crise*, in, VV. AA., (Neo)Constitucionalismo – ontem, os Códigos hoje, as Constituições, Revista do Instituto de Hermenêutica Jurídica,v. I, n. 2, Porto Alegre, 2004, p. 121-168.

[109] Cf., *Os direitos fundamentais sociais na ordem constitucional brasileira*, in, VV. AA., *Em busca dos direitos perdidos*, Revista do Instituto de Hermenêutica Jurídica, n. 1, Porto Alegre, 2003.

de retrocesso ambiental; essas proposições não estão aí por acaso, quando nos referimos a *direitos e deveres fundamentais ambientais*. Uma delas, busca realizar um compromisso, antrópico por certo, para a existência do ser humano, defendendo a sua dignidade; e a outra dirige-se à manutenção do mínimo estado para o ambiente, que está em, pelo menos, manter suas condições atuais, impedindo-se (vedando-se) a degradação. Lembramos que quando iniciamos a exposição da relação dialética *posição/disposição* em matéria ambiental, referimos claramente seus primados informadores: a *dignidade da pessoa humana* e a *segurança jurídica*. É a partir desses modais epistêmicos que deveremos seguir neste estudo.

4.3. *Posição/Disposição* relativamente aos Direitos Humanos e Direitos Fundamentais desde os primados da *dignidade humana* e *segurança jurídica*

Pensar na asserção *dignidade da pessoa humana* nos leva a distinguir entre *direitos humanos* e *direitos fundamentais*. Cada um deles com específicos campos éticos, políticos, jurídicos e econômicos. Não são expressões iguais, embora guardem alguma sinonímia de sentido.[110] Os *direitos humanos*, de conteúdo mais largo, se constituem no modo *ocidental*, de luta para conquistar a dignidade humana. Luta esta que necessariamente requer um intenso compromisso ante os sofrimentos e indignações que os seres humanos padecem em suas vidas cotidianas; por isso, em sede de *direitos humanos*, o princípio reitor é *problematizar a realidade*. Mas como fazer isto? – Uma das respostas pode ser a de construir espaços de *encontro* positivos nos quais demonstramos, explicamos, interpretamos e intervimos no mundo desde *posições* e *disposições* alternativas e diferenciadas. Por isso, vamos

---

[110] Para José Joaquim Gomes Canotilho, as "expressões direitos do homem e direitos fundamentais são frequentemente utilizadas como sinónimas. Segundo sua origem e significado poderíamos distinguí-las da seguinte maneira: direitos do homem são direitos válidos para todos os povos e em todos os tempos (dimensão jusnaturalista-universalista); direitos fundamentais são os direitos do homem, jurídico-institucionalmente garantidos e limitados espacio-temporalmente. Os direitos do homem arrancariam da própria natureza humana e daí o seu caráter inviolável, intemporal e universal; os direitos fundamentais seriam os direitos objectivamente vigentes numa ordem jurídica concreta" (CANOTILHO, J. J. G., *Direito Constitucional e Teoria da Constituição*. 2ª ed. Coimbra: Almedina, 1998, p. 359).

definir no âmbito dos direitos humanos, para os efeitos deste estudo, *dignidade humana* como o desdobramento e a aclaração de potencialidades humanas para construir os meios e as condições necessárias que possibilitem o desenvolvimento da *capacidade humana genérica de fazer e desfazer mundos*. Em sentido mais restrito, os *direitos humanos* se inserem na relação natural/cultural e revelam-se como produtos culturais *dispostos* no denominado ordenamento jurídico internacional positivo, e atribuem *posições* (éticas e jurídicas) ao ser humano, independentemente de uma vinculação a um sistema jurídico dado (nacional); contudo, muitas vezes são recepcionados pelos sistemas nacionais, como é o nosso caso, seja como princípio predominante de nossas relações internacionais como está no inciso II do artigo 4º, seja como mandamento expressamente admitido no § 2º do artigo 5º, ambos da Constituição de 1988.

Os *direitos fundamentais* são objeto de sistemas nacionais, muito embora os *direitos humanos* caibam na esfera dos direitos fundamentais deles extravasam. Direitos fundamentais são técnicas jurídicas positivadas, insertas nas leis fundamentais dos Estados, constituindo-se em narrações jurídicas que desde uma especificada *disposição* normativa, atribuem uma *posição* singular aos cidadãos vinculados àquele Estado. Aqui, são importantes as lições de Sarlet relativamente aos direitos fundamentais como direitos de defesa, e como direitos a prestações,[111] também mais não ousaríamos dizer; nada obstante, gostaríamos de consignar, que devemos entender os direitos humanos, e mesmo os direitos fundamentais, não como *faculdades inatas* do ser humano, que no caso dos fundamentais são reveladas pelo legislador, sim como *deveres que nos auto-impomos* no âmbito do *processo cultural*, onde se destacam com especial relevância, dado especialmente o maltrato e a destruição sistemática que eles têm padecido, e sua coimplicação na relação entre natureza e cultura.

Pensar na asserção *segurança jurídica* nos leva imediatamente ao especular[112] do *princípio da responsabilidade* de Hans Jonas. Lembremos que, para Jonas, a ética (hoje) deve ter em conta as condições

---

[111] *A eficácia dos Direitos Fundamentais,* 3ª ed., Porto Alegre: Livraria do Advogado, 2003; também, *Os direitos fundamentais sociais na ordem constitucional brasileira,* in, VV. AA., *Em busca dos direitos perdidos,* Revista do Instituto de Hermenêutica Jurídica, n. 1, Porto Alegre, 2003.

[112] Observe-se que estamos referindo o adjetivo, o que reflete como o espelho, e não ao verbo especular.

globais da vida humana e mesmo da sobrevivência da espécie. Em 1985, Jonas publicou a segunda parte de *O princípio da responsabilidade*, como *Técnica, medicina e ética. A prática do princípio da responsabilidade*,[113] no decorrer desse trabalho, aparecem três elementos básicos da teoria de Jonas: *as virtudes da cautela, da moderação na ação*, e *o pensar as conseqüências*, a partir desses elementos, Jonas define, então, uma *heurística do temor* como o meio pelo qual podemos adquirir uma maior consciência do perigo e, assim, ter o *dever de atuar* seguindo uma ética da responsabilidade. *Nosso dever* – afirma Jonas – *é saber que temos ido demasiado longe, e apreender novamente que existe um demasiado longe*.[114] A *segurança jurídica* nos confronta com este aprendizado: *existe um demasiado longe* que não devemos percorrer; ela é um *meio caminho* entre o desejável e o possível, está de mãos dadas com um ideal de justiça, emerge culturalmente de um fator psicológico muito forte, a *convicção* de sua existência, não *a secas*, mas resultado de uma certeza, pois, "[...] assim como o homem só por si não pode transformar, senão aparentemente, as leis, não podem essas modificar as sociedades, porque representam produtos de suas crenças e de suas idéias mais entranhadas: legislar quando não se copia o parecer da vontade e lógica coletivas eqüivale a espalhar germens imprestáveis, que podem ter, por outro lado, influência diversa da que se espera e pretendia";[115] por isso, essa convicção não tem sede em uma quimera, mas, como dizia Pontes de Miranda, em que "a falsidade da lei, verifica-se na sua inaplicação, o fato denunciador do desrespeito popular: não tem função social, por isso mesmo que não a respeitam os homens".[116] A segurança jurídica, pois, está na convicção que não se afasta o *normativo* produzido pela consciência coletiva com o auxílio das necessidades que o determinou. A *segurança jurídica* é, também, técnica do direito que o torna imutável quando comparte uma justiça eqüitativa, declaratória, distributiva e corretiva, na lição magistral de Pontes de Miranda: "o que há de imutável no direito é a unidade de experiência social, a pedra basilar sobre que se assediam todas as formações sociais meramente jurídicas, o fundo comum e psicológico

---

[113] Publicado pela Paidós, Barcelona, 1997.

[114] *Técnica, medicina e ética. A prática do princípio da responsabilidade*, Paidós, Barcelona, 1997, p. 143.

[115] PONTES DE MIRANDA, F. C., *À margem do Direito. Ensaio de Psicologia Jurídica*, Campinas: Bookseller, 2002, p. 74.

[116] *Op. cit.*, p. 104.

da moral e da sabença jurídica dos homens".[117] É, ademais, um princípio inerente ao Estado Social e Democrático de Direito, está também incluída nos processos de democratização de revelar o direito que nos ensina o mesmo Pontes de Miranda: "[...] é a política que compete [...] organizar a livre revelação do direito" – pois, continua o discurso pontiano – "a lei de democratização dos processos de revelar o direito resulta na progressiva diminuição do elemento despótico".[118]

---

[117] *Op. cit.*, p. 104.
[118] PONTES DE MIRANDA, F. C., *Introdução à Política Científica*, Forense, 1983, p. 181-183.

5. Ecologia, existência e direito. A proibição de retrogradação e os direitos de contaminação

5.1. A ficção e uma ação ambientalizada

A ficção científica tem contribuído enormemente para representar idéias que nos são de extrema utilidade na elaboração de propostas para o *mundo real* (?) em que vivemos, muitos são os exemplos, um deles, a novela de Ph. K. Dick *Do Androids Dream of Electric Sheep?* Que no cinema tomou o título de *Blade Runner* (1982);[119] outro, a novela *Dune*, de Frank Herbert.[120] Para o nosso propósito, vamos examinar, brevemente, o contexto de *Dune*. A ação se passa no planeta Arrakis, um planeta que sofreu as conseqüências da devastação ambiental. Ali existe uma grande falta de água, mas para a sua desgraça, está provido de imensas riquezas naturais, as quais são desejadas por todo o universo, mas inúteis para seus habitantes. A novela é empolgante e ao mesmo tempo trágica. A autoridade mais importante de Arrakis é Kynes, o Ecólogo, encarregado de criar e manter o equilíbrio em um entorno delicadamente sustentado. Depois de uma série de peripécias, Kynes está a ponto de morrer envolvido por forças negativas do planeta que ele mesmo tratava de "humanizar". Neste momento crucial, ele contata *espiritualmente* com seu pai e antecessor no cargo de Ecólogo,

---

[119] Cf., a propósito, o ensaio do Prof. Javier de Lucas: Blade Runner – El Derecho, guardián de la diferencia. Na coleção dirigida pelo autor, CINEDERECHO. Valencia: Tirant lo Blanche, 2003.

[120] Cf. como está magnificamente em Joaquín Herrera Flores, livro que acompanhamos passo a passo o seu desenvolvimento, por vezes, em interlocução (para nós muito proveitosa) com o autor: *El proceso Cultural – Materiales para la creatividad humana*. Sevilla: Aconcagua, 2005.

e entre ambos, vão formulando um entramado de postulados para construir uma cultura de *direitos/deveres* humanos com respeito à natureza. São eles:

1) quantas mais vidas existem em um sistema, maior é a quantidade de possibilidades de preservá-las;

2) a vida aumenta a capacidade de um ambiente para 'sustentar' a vida;

3) a uma maior quantidade e qualidade de vida, haverá uma maior diversidade ambiental e, a uma grande quantidade de diversidade ambiental, maiores são as possibilidades de criar e reproduzir a vida;

4) dado o grau de desenvolvimento das formas de vida humanas e naturais que se deram no planeta, já não há vida nem diversidade 'naturais'; a vida 'natural' e a diversidade ambiental não se dão sozinhas, mas, sim, requerem a interação entre o ser humano e a natureza;

5) portanto, um dever básico com respeito a natureza consiste em reconstruir a ação humana, não como uma forma de destruição, mas de construção e reprodução ambiental;

6) a mais alta função de um processo cultural ambiental é a compreensão e prevenção das conseqüências que surjam no marco da interação natureza-cultura;

7) as peculiaridade físicas de um mundo acabam por inscreverem-se em sua história econômica e política.

Como se pode ver, nada de ficção está contido na formulação destes postulados; ao contrário, eles podem constar de todos os mandamentos ambientais responsáveis. Em uma breve análise, podemos constatar que três postulados, destes sete mandamentos *eco-ambientais*, estão dirigidos especificamente à vida como instrumento propiciante da própria vida e a relação dialética estabelecida *naturalmente* entre vida e diversidade. Já os postulados cinco, seis e sete conformam as características que mencionamos *retro* e que dizem respeito a deveres humanos (suportados pela dignidade) de respeito, reciprocidade, responsabilidade e redistribuição reunidos em três modais da metodologia social humana: (a) uma ação humana ambientalizada, (b) a prevenção das conseqüências, (c) a indissolúvel conexão entre os mecanismos políticos e econômicos mais os processos naturais; funcionando o postulado quatro como um elemento de transição entre a vida e a cultura. Destes sete mandamentos ecológicos e ambientais, separando as expressões propositadamente, pode-se deduzir um princípio que nos sirva de guia geral para formular deveres com respeito à relação ser humano/natureza e, possivelmente, positivar ditos valores em normativos a partir dos quais possamos exigir aos poderes (públicos e privados) o cumprimento dos compromissos que com tanta facilidade são estabelecidos em sede internacional, mas que depois se incumprem sistematicamente.[121] A garantia de um mínimo existencial ecológico e a proibição da retrogradação socioambiental, sem dúvida, são condições indispensáveis quando pensamos na efetividade do septenário mandamental do *Ecólogo Kynes*.

5.2. O princípio antrópico não é incompatível com uma visão ecocêntrica; ao contrário, ambos revelam-se num cosmocentrismo

O adjetivo *antrópico* é qualificador da ação do homem relativamente às transformações por ele provocadas no ambiente. Em teoria da ciência, formula-se o *princípio antrópico*, no âmbito da *cosmologia*, ali manifestado desde duas perspectivas: o princípio antrópico *forte* e o princípio antrópico *débil*. Algumas formulações do *princípio antrópico forte* sugerem que a consciência não é o resultado casual da evolução da matéria, mas o ponto de chegada de uma narração cósmica que se dirigia para este fim, vale dizer, que se o universo evolucionou a ser o que é hoje é porque, desse modo, deu lugar ao *aparecimento* da consciência.[122] Segundo o *princípio antrópico débil*, a consciência constitui ativamente as leis físicas, que se consideram como o resultado de um vínculo inseparável de uma interação entre consciência e mundo. Como se pode ver, a formulação *forte* supera esta relação introduzindo alguns aspectos mais próximos das ciências ditas humanidades.

Uma definição do princípio débil foi formulada em 1986 por J. D. Barrow e F. J. Tipler. Por óbvio, sem a precisão destes cientistas, podemos aproximarmos das idéias deles pelo seguinte articulado: pense-se que todos os valores observados de várias magnitudes, incluídas as físicas e cosmológicas não são, de modo igual, prováveis. Ao contrário, essas magnitudes assumem valores muito específicos com o fim

---

[121] Cf. HERRERA FLORES, *El proceso Cultural...* p. 328-329.

[122] Barrow e Tipler, relatam que em 1974, B. Carter introduziu o denominado princípio antrópico forte, formulado no sentido que em algum momento de sua história o universo deve reunir aquelas propriedades que possibilitam que a vida se desenvolva (*The anthropic cosmological principle*, Oxford University Press, New York, 1986, p. 11).

de satisfazer dois requisitos: a) que existam lugares onde se possa desenvolver a vida (baseada no carbono); b) que o universo seja o suficiente velho para que isto já tenha ocorrido.[123] Assim, e se entendemos bem a formulação que nos foi explicada, o *princípio antrópico débil* não carrega consigo um princípio epistêmico, ele é apenas um princípio metodológico, útil para afastar erros de interpretação em nossas observações, definindo o alcance e contexto das mesmas. Através dele chegamos a conhecer que o que nenhuma teoria cosmológica pode negar, isto é, o procedimento pelo qual o universo cumpriu para chegar até nós. Como somos parte deste processo, assim, o nosso modo de ver as coisas está determinado por tudo o que já ocorreu na história do cosmos. Nós observamos o universo, por exemplo, na tela de um televisor, desde um sistema de transmissão eficiente, em que a história do universo mesmo, nos é dada sem qualquer mácula, o essencial porém é que esse "televisor", e esse "sistema de transmissão" não poderiam existir antes que se dessem as condições de nossa existência. Desde a perspectiva do *princípio antrópico débil* nos habilitamos com uma metodologia que estabelece as regras de seleção para nossas observações visto que o modo de perceber o universo a nossa volta depende também, do fato que nossa vida está suportada no carbono e este, por conseqüência, tem que estar obrigatoriamente contido no universo onde ele mesmo se formou. De outro modo, o *princípio antrópico forte* é categórico ao afirmar que as leis fundamentais e o universo mesmo, devem ser *como* e *o que são* para que surja a vida. Não há dúvida alguma, na assertiva que diz: *entre todos os universos possíveis vivemos precisamente no que nos permite existir.* O *princípio antrópico*, seja na versão *forte* ou *débil*, não revela qualquer antropocentrismo, como aos desatentos poderia parecer. Ao contrário, ele afirma uma visão *ecocêntrica forte*, que conduz a um *cosmocentrismo* inarredável.

Nós, quando afirmamos que o ambiente é um "lugar de encontro" dos seres e das coisas, quando afirmamos que o "ambiente" é sujeito de direito, independente do sujeito que interroga sobre o direito, estamos deliberadamente adotando uma posição cosmocêntrica. *Vivemos no universo que nos permitiu e permite existir*, esse universo está também, no *lógos*, como entendido pelo grego Heraclito que afirmava:

---

[123] BARROW J. D., e TRIPLER F. J., *op. cit*,p. 1; livro que consultamos com o Eng. Ronaldo Medeiros Ilha Moreira, amigo que nos socorre em assuntos das denominadas *ciências duras*.

"[...] a sabedoria consiste numa só coisa, em conhecer, com juízo verdadeiro, como todas as coisas são governadas através de tudo".[124] Heraclito fundava a sabedoria no λογος, o verdadeiro constituinte das coisas; e é neste sentido que o aproximava do metro (μετρον), da proporção (αναλογον), pois ele entendia que a vida do homem está indissociavelmente ligada a tudo que o rodeia.[125] É através da proporção e do equilíbrio que o mundo se mantém pensava Heraclito, e dizia: "[...] esta ordem do mundo (a mesma das coisas) não a criou nenhum dos deuses, nem os homens, mas sempre existiu e existe e há de existir: um fogo sempre vivo, que se acende com medida e com medida se extingue".[126] A manutenção deste estado, está a se ver, exige a garantia do mínimo existencial e a vedação da degradação ambiental – que nos permitirá a seguir existindo.

5.3. Vedação da degradação ambiental

> *Somos um. Do verme cego nas profundezas do oceano até a infinda arena da Galáxia, um mesmo ser luta e corre perigo – nós próprios. E em nosso pequeno peito terreno, um mesmo ser luta e corre perigo – o Universo.*
>
> Nikos Kazantzákis[127]

5.3.1. Considerações iniciais

A *vedação da degradação ambiental* constitui-se no objeto do *princípio da proibição da retrogradação socioambiental* em sede de direito ambiental. Preferimos a expressão *princípio de proibição da retrogradação socioambiental* em vez daquela utilizada pela doutrina, de *princípio do retrocesso ambiental*, pois retrogradar expressa melhor a idéia de retroceder, *de ir para trás*, no tempo e no espaço. Ainda mais, o que o direito ambiental objetiva é proteger, promover e evitar a degradação do ambiente, portanto, intensamente deve coibir a retro-

---

[124] Cf. Frag. 41, Diógenes Laércio IX, 1, in, KIRK, G. S., RAVEN, J. E., SCHOFIELD, M., *Os filósofos pré-socráticos – História Crítica com Seleção de Textos*. 4ª ed., trad. de Carlos A. Louro Fonseca. Lisboa: Fundação Calouste Gulbenkian, 1994, p. 210.

[125] Cf., *op. cit.*, p. 210.

[126] Cf. Frag. 30, Clemente V, 104, 1, in, op. cit., p. 204-205.

[127] *Ascese – Os Salvadores de Deus*. Trad. José P. Paes São Paulo: Editora Ática, 1997, p. 117.

gradação que representa uma violação dos direitos humanos, e uma transgressão a direitos fundamentais. Ao atingir-se um estado superior, não se deve retornar a estágios inferiores, expressa a máxima central do primado da evolução dos seres e das coisas. Portanto, não se deve permitir o movimento de recuo, o declínio, o deslocamento para trás em matéria socioambiental.

Repita-se, em ensaio de clareza exemplar, Sarlet já tratou do tema da proibição de retrocesso[128] – no âmbito dos direitos fundamentais sociais.[129] Novamente, não ousaríamos acrescentar mais. Contudo, aditaremos algumas breves considerações suportadas no trabalho de Sarlet, e no diagrama que construímos na página 58. Como já afirmamos, o título deste ensaio é de lavra de Sarlet, nele vemos duas proposições significativas: *mínimo existencial ecológico* e *proibição de retrocesso ambiental*; essas proposições não foram destacadas por acaso. Quando nos referimos a direitos e deveres fundamentais ambientais, o que buscamos é a identificação de um conjunto normativo que atenda um compromisso antrópico viabilizador da existência do ser humano, defendendo, antes de tudo, sua dignidade e dirigindo-nos à manutenção de um estágio mínimo para o ambiente, vedando-se a degradação do mesmo.

Quando iniciamos a exposição da relação dialética *posição/disposição* em matéria ambiental, referimos claramente seus primados informadores: a dignidade da pessoa humana e a segurança jurídica. É a partir destes modais[130] epistêmicos[131] que deveremos prosseguir.

---

[128] SARLET, I. W., *Direitos fundamentais sociais e proibição de retrocesso: algumas notas sobre o desafio da sobrevivência dos direitos sociais num contexto de crise*, in, VV. AA., (Neo)Constitucionalismo – ontem, os Códigos hoje, as Constituições, Rev. do Inst. de Hermenêutica Jurídica,v. I, n. 2, Porto Alegre: 2004, p. 121-168.

[129] Cf., *Os direitos fundamentais sociais na ordem constitucional brasileira*, in, VV. AA., *Em busca dos direitos perdidos*, Revista do Instituto de Hermenêutica Jurídica, n. 1, Porto Alegre, 2003.

[130] Aqui utilizamos o termo *modal* no seu sentido estatístico e lógico; no primeiro significado, a idéia da variabilidade do valor (a moda estatística); no segundo, como proposição afirmativa ou negativa que estabelece vínculos entre o necessário e desnecessário, o contigente ou incontingente, a possibilidade ou impossibilidade dos termos constituintes.

[131] No sentido de episteme, como em Foucault, um paradigma estrutural múltiplo de saberes intermediados, e não concludentes, um aberto desde três dimensões, uma delas dedicada às ciências matemáticas e físicas onde a ordem é sempre um encadeamento dedutivo de posições evidentes e verificáveis; outra, as ciências da vida, da produção e distribuição das riquezas, da linguagem; estas, se desenvolvem desde elementos descontínuos mas análogos, cujas relações são causais e de constante ruptura. A terceira dimensão é pertencente ao domínio filosófico, da reflexão e da ponderação (do "Mesmo" foucauliano). Destas dimensões são excluídas as ciências

Nossa história, nesse "lugar de encontro", já afirmamos, é a história da cotidiana violação dos direitos humanos (e dos direitos fundamentais por conseqüência), e a necessidade da luta permanente pela dignidade humana, despertando-nos dos sonhos de um universalismo metafísico que envolve estes direitos, plantando uma pequena semente para ver crescer um novo e possível consenso que poderíamos denominar de *convergência*, vale dizer, uma comunhão intercultural dos interesses das sociedades para a construção de um mundo mais digno. Este pequeno rizoma pode muito bem estar, nacionalmente, na formação de uma *ecocidadania* lúcida e apta para encarar os novos desafios que vão confrontá-la. E, uma ecocidadania implica a aceitação refletida do *princípio de proibição da retrogradação socioambiental*; ademais de um consenso de convergência, deve servir a nossa consciência para refletir que mais de cinqüenta por cento dos recursos e serviços que brindam os ecossistemas do planeta estão degradados, e as conseqüências desta destruição podem agravar-se de maneira significativa nos próximos anos (urge vedar-se tal estado). A contaminação ou degradação da água doce, da pesca industrial e do ar e da água, dos climas regionais, que geram as catástrofes naturais e as pestes são os recursos e serviços naturais mais ameaçados. Lembremos que a degradação dos sistemas aumenta a probabilidade de mudanças abruptas que podem afetar gravemente o bem-estar humano, com o surgimento de novas enfermidades. Mais ainda, a concentração de dióxido de carbono na atmosfera aumentou muitíssimo, elevando os níveis de contaminação para patamares perigosos para o ecossistema global. De outro modo, tenhamos presente que a degradação dos ecossistemas afetam aos mais pobres e, em alguns casos, é a principal causa da marginação social. Atente-se ainda, que os países ricos não podem isolar-se dessa degradação, não há fronteiras para os puluentes, v.g., para a contaminação do ar.

Algumas mudanças nas políticas, internacionais e nacionais, poderiam reduzir o dano causado pela pressão sobre os ecossistemas. Contudo, tratam-se de grandes transformações, não inteiramente possíveis atualmente, *e.g.*, a melhora da governança local e o ensaio de uma governança global; incentivos fiscais locais e internacionais; mudanças

---

humanas, pois é no domínio delas numa relação apotética/paratética que elas (as ciências humanas) encontram o seu lugar onde põem-se em relação com outros saberes (Cf. Foucault, M., As palavras e as coisas. Trad. De A. R. Rosa. Lisboa: Martins Fontes/Portugália Ed., s/d., possivelmente de 1967, p. 450-451 (ed. francesa Galimard, 1966).

no modelo de consumo e de desenvolvimento; novas tecnologias não predadoras e não incentivadoras de dominação econômica, ademais de qualificada investigação para administrar melhor os ecossistemas. Entretanto, devemos afirmar enfaticamente, não podemos esquecer que nenhum progresso, até a erradicação da pobreza e da fome, a melhora da saúde e a proteção ambiental, será sustentável se a maioria dos recursos e serviços dos ecossistemas seguirem degradando-se. Muito da destruição dos recursos naturais é devida pela liberalização do comércio, especialmente do comércio internacional. A liberalização negocial submete muitos países, em especial aos pequenos e pobres países, que sofrem um enorme constrangimento para que abram seus mercados. O mais grave é que esses não podem resistir à constrição de grandes empresas transnacionais, o que permite que estas os sigam explorando...

Esse é um discurso político? Certamente sim, em política ambiental. É um discurso jurídico? Certamente sim, em direito ambiental. Mas é mais, é um *discurso estético* (uma condução do *olhar*) pela preservação da dignidade humana que não poderá sobreviver por muito tempo a tal estado de coisas. É também uma narração, porque envolve fatos descritos (por qualquer meio e modo) de acontecimentos reais, atuais e preocupantes. Esta é uma narração, que de modo inverso, afirma que o ambiente é um valor que deve ser preservado mais do que consumido, deve ser mais respeitado do que degradado, especialmente os recursos denominados de *não-renováveis* e aqueles que só podem ser renovados das determinadas condições. Esta narração é a base que funda o interesse do Estado (e da sociedade também) na defesa, promoção e manutenção ambiental, chegando-se afirmar a existência de um Estado pós-social, de um Estado de Ambiente.[132] de um *Umweltstaat*.[133] De

---

[132] Desde 1994, Boaventura de Sousa Santos já afirmava que "a edificação de um Estado de Ambiente importa a transformação global, não só dos modos de produção, mas também dos conhecimentos científicos, dos quadros de vida, das formas de sociabilidade e dos universos simbólicos e pressupõe, acima de tudo, uma nova paradigmática com a natureza, que substitua a relação paradigmática moderna" (*Pela mão de Alice: o social e o político na pós-modernidade.* Porto: Afrontamento, 1994, p. 42).

[133] Estamos no momento trabalhando na tradução (com o inestimável auxílio de nossa professora de alemão Dra. Ingrid H. Rasenack) de um artigo muito interessante do Prof. Dr. Michael Kloepfer, com o título de *Auf dem Weg zum Umweltstaat? Die Umgestaltung des politischen und wirtschaftlichen Systems der Bundesrepublik Deutschland durch den Umweltschutz insbesondere aus rechtswissenschaftlicher Sicht*; ou, em tradução livre: "A caminho do Estado-Ambiente? A transformação do sistema político e econômico da República Federal de Alemanha através da proteção ambiental especialmente desde a perspectiva esclarecedora da ciência jurídica". O que

outro lado, outros, movidos por interesses *invisíveis*, clamam pela demissão do Estado, pela sua retirada parcial da cena ambiental; esses arautos da autonomia privada a qualquer custo, verdadeiros *cidadãos de perfil*, na denominação de Soriano e Rasilla,[134] erguem-se como defensores da *desregulamentação*, centrados em uma pseudo eficiência econômica, cujo objeto é a acumulação pela acumulação.

O que fazer? Está ai, metamorfoseada a angústia de Kierkegaard? O que devemos renunciar? E, será necessária a renúncia? São perguntas que todos deveremos responder se pretendemos concretar a atribuição de dignidade ao humano.

O legislador constitucional brasileiro de 1988 já se esforçou para responder algumas dessas perguntas, pois elevou o direito ao ambiente ecologicamente equilibrado à qualidade de direito fundamental à vida;[135] mais ainda, elevou-o à qualidade de um direito fundamental acrônico, vale dizer, que não está submetido ao tempo linear, qualificando-o como um direito fundamental *kairológico*, isto é, oportuno, "*o 'bem' no tempo*" (Aristóteles), que sobrevive no tempo memorial, transmitido entre gerações; portanto, *genuinamente humano* como disse Kierkegaard, na citação que preambula este ensaio.

Grandes têm sido os desastres mundiais por efeito da violação ambiental, relembre-se o acidente da Baia de Minamata, o acidente de Seveso, o acidente de Bhopal, o acidente de Chernobil, que na ocasião tivemos o dissabor de sentir seus efeitos, pois à época morávamos em Lugano, na Suíça, onde sentiram-se muito as conseqüências para a saúde do todos os habitantes, inclusive à nossa própria e, também, as conseqüências econômicas *v.g.* na produção do leite e derivados. E, mais recentemente, também a devastação produzida pelo "tsunami" nos *paraísos* (para muito poucos) insulares ali existentes (será que é

---

ali está contido, por sua importância, será acrescentado ao presente, em versão ulterior, quando revisado o trabalho de tradução e obtida a permissão para a sua utilização.

134 SORIANO, R. e RASILLA, L. de la, *Democracia vergonzante y ciudadanos de perfil*. Granada: Comares, 2002, p. 240 e s., 261 e s.

135 Na excelente articulação de Cristiane Derani: "O direito ao meio ambiente ecologicamente equilibrado é um direito à vida e à manutenção das bases que a sustentam. Destaca-se da garantia fundamental a vida exposta nos primórdios da construção dos direitos fundamentais, porque não é simples garantia à vida, mas este direito fundamental é uma conquista prática pela conformação das atividades sociais, que devem garantir a manutenção do meio ambiente ecologicamente equilibrado, abster-se de sua deterioração, e construir a melhoria geral das condições de vida na sociedade" (DERANI, C., *Meio ambiente ecologicamente equilibrado: direito fundamental e princípio da atividade econômica*, in, PURVIN DE FIGUEIREDO, G. J., (org.) *Temas de direito ambiental e urbanístico*. São Paulo: Max Limonad, 1998, p. 97).

crível a espontânea acomodação de placas tectônicas?). Hoje, preocupam-nos os fenômenos como: *chuva ácida*, *as alterações climáticas globais*, *o efeito estufa*, *o buraco na camada de ozônio*, e tantos outros resultados da contaminação e violação do equilíbrio ambiental. As respostas internacionais têm sido significativas, exemplificadamente, a *Conferência de Estocolmo* e sua *Declaração/72*, a *Conferência das Nações Unidas sobre o Meio Ambiente e Desenvolvimento do Rio de Janeiro* e sua *Declaração Rio/92*, a *Rio+5* em Nova Iorque, e depois a *Rio+10* em Joanesburgo, o *Protocolo de Kioto/97*, e tantos outras manifestações através de convenções, tratados, normativos, princípios gerais, etc. que, em muitos casos, foram recepcionados pelos sistemas jurídicos nacionais.

O direito à vida em um ambiente são e ecologicamente equilibrado, como direito humano e como direito fundamental está orientado, desde uma perspectiva *fraterna*, na cooperação e na responsabilidade da comunidade internacional e nacional, assim como lança bases para uma futura e provável nova ordem econômica (esperemos).

Entendemos as derivações do direito ambiental na classe dos direitos coletivos, nada obstante possam ser exercidos individualmente. Claro está, este entendimento somente será possível depois que esteja garantido um ambiente são e ecologicamente equilibrado para todos. Já referimos *retro* que o legislador constitucional brasileiro de 1988 elevou o direito a um ambiente ecologicamente equilibrado, a categoria de um direito fundamental à vida. Sabemos que um direito à vida exige, para ser viabilizado, condições bióticas e abióticas que garantam a sua permanência, portanto, não há, em tese, limites para este direito. O indispensável para viabilizá-lo está em que os seres necessitam de um ambiente adequado e de condições de subsistência que são providas por este mesmo ambiente, por isso, não se pode separar as condições bióticas das biológicas *stricto sensu*, assim é de considerar que as condições físicas, psicológicas e sociais estão conectadas com a pessoa e o entorno.

O direito-dever fundamental ambiental está informado por muitos princípios que a doutrina vem afirmando com grande insistência, cuja revelação a ciência jurídica e os pretórios vêm aperfeiçoando. Todos esses princípios são decorrentes do primado da dignidade humana, e se apresentam como: o princípio da legalidade; da supremacia da Constituição em matéria ambiental e da indisponibilidade dos direito-deveres nela consubstanciados;[136] da obrigatoriedade de proteção; da prevenção e da precaução; da compulsoriedade da avaliação prévia de riscos em obras potencialmente danosas; da publicidade; da reparabilidade; da participação da coletividade; da ampla informação ambiental; da função social dos contratos e da propriedade; do poluidor-pagador; da compensação; da responsabilidade; do desenvolvimento sustentável; da educação ambiental; da cooperação internacional e o princípio da soberania dos Estados em política ambiental. Todos esses, em sua maioria decorrentes da amplitude do tipo contido no artigo 225, incisos e parágrafos da Constituição de 1988, combinados com outras normas (princípios e regras) constituídas na mesma Carta, em Tratados e Convenções, por ela recepcionados, e pela legislação infraconstitucional pertinente.[137]

---

[136] É de Jorge Kors, acertadamente, a afirmativa: "La existencia de una norma constitucional que garantice la protección del medio ambiente y la ecología concebida como deber del Estado y como derecho-deber de los ciudadanos, favorece la marcha de la legislación, puesto que a partir de ello el sistema en su conjunto encontrará el sostén en un nuevo régimen institucional propio" (*Nuevas tecnologías y derecho ambiental*. In, Revista del derecho industrial, Buenos Aires, Nº 41, mayo-agosto de 1992, p. 401). Em direção convergente, José Casalta Nabais, *O Dever Fundamental de Pagar Impostos*. Coimbra: Almedina, 1998, p. 49, nota 95; p. 52, 123-4.

[137] O conjunto normativo ambiental está construído através de proposições empíricas especialíssimas. No percurso de seu desvelamento e submetidas a racionalidade prática essas proposições se incorporaram em uma série de princípios, ditos princípios ambientais que se positivaram e, de modo não exaustivo, podem assim ordenar-se: Princípio constitucional de proteção ambiental (CF/88, Art. 225). Princípio da legalidade (CF/88, Art. 5, II). Princípio da supremacia do interesse público e princípio da indisponibilidade do interesse público(CF/88, art. 225), temperado pela observância dos direitos fundamentais e de normas programática a eles referidos. Princípio da obrigatoriedade da proteção ambiental (idem). Princípio da prevenção e princípio da precaução (CF/88, 225, § 1, IV; Dec. Rio/1992, princípio (15). Princípio da obrigatoriedade de avaliação prévia de obras potencialmente gravosas (CF/88, 225; EIA, RIMA). Princípio da publicidade (CF/88, 225; Res. 9 do CONAMA). Princípio da reparabilidade do dano ambiental (CF/88, 225, § 3; L. 6.938, art. 4, VII). Princípio da participação (Declaração Rio/92, princípio 10; CF/88, 225). Princípio da informação (CF/88, 225; 216, § 2.; L. 6.938/81; Dec. 98.161/89; L. 8.078/90 [CDC]; Agenda 21, cap. 40; e as convenções sobre Diversidade Biológica e Combate a Desertificação). Princípio da função socioambiental da propriedade (CF/88, art. 5, XXIII, 170, III e 186, II). Princípio do poluidor-pagador (CF/88, art. 225, § 3; Rio/92, princípio 16; L. 6.938/81, art. 4; L. 9.433/97). Princípio da compensação (art. 8, L. 6.938/81, atrib. CONAMA). Princípio da responsabilidade (L. 9605/98, crimes ambientais; L. 6.938/81 art. 14, responsabilidade objetiva do degradador). Princípio do desenvolvimento sustentável (Declaração Rio/92, princípio 13, e Agenda 21). Princípio da educação ambiental (CF/88, art. 1, e, Agenda 21). Princípio da cooperação internacional (Declaração Rio/92, princípio 2). Princípio da soberania dos Estados na política ambiental (Agenda 21). Princípio da Prevenção de danos, aqui cabe uma distinção: princípio da prevenção e princípio da precaução. A distinção está na natureza do risco, v.g., CF/88, art. 7º XII prevê: "a redução dos riscos inerentes ao trabalho, por meio de normas de saúde, higiene e segurança. Aplica-se o preceito constitucional ao cuidado da prevenção ou precaução. Tudo está na natureza do risco. Sendo o núcleo duro na prevenção, o perigo concreto; na precaução, o perigo abstrato. Em ambos os casos, o meio ambiente do trabalho deverá contar com as condições necessárias para minimizá-lo, e contar o trabalhador com a proteção adequado, mesmo a compensação argentária.

DIREITO AMBIENTAL – PROIBIÇÃO DE RETROCESSO

Princípios dos mais relevantes e tema deste estudo, é o da proibição de retrocesso ambiental, que como já mencionamos, preferimos denominar de proibição da retrogradação socioambiental. É desde a dialética disposição/posição que melhor poderemos compreender o princípio da proibição da retrogradação socioambiental. Todos os princípios supramencionados se encontram inseridos no pólo disposição, e estão tensionados relativamente aos sujeitos posicionados. O princípio da proibição da retrogradação socioambiental, no entanto – nada obstante participar da mesma dialética –, está diretamente subsumido no entrelaçamento dos princípios matrizes: dignidade da pessoa humana/segurança jurídica, ele é condição essencial das condições de responsabilidade socioambiental informada pela fraternidade que deve estar imprimida em todas as relações com o ambiente.

Sabemos que o direito de cada sujeito a um ambiente ecologicamente equilibrado não constitui *per se* um direito subjetivo susceptível de apropriação. A atribuição que aí está é de *permissão* que exige um dever fundamental consubstanciado na utilização racional desde uma perspectiva de fraternidade, seja na atualidade, seja com as gerações vindouras. Este *dever* é de todos e de cada um individualmente, inclusive, por constitucionalmente expresso, do Estado.[138] Veja-se que o tipo constitucional do art. 225 encerra um objetivo composto: ambiente equilibrado e bem de uso comum, essencial para a qualidade de vida, e deveres recíprocos do Estado e da coletividade. Nada aí configura um direito subjetivo, mas confirma um direito-dever de preservação para a atualidade e para o porvir. Revelando-se, então, um direito-dever fundamental acrônico, cujo núcleo duro está na vedação da degra-

---

[138] Atente-se que Robert Alexy entende o ambiente numa perspectiva de holodimensão, de "direito fundamental como um todo" (*Teoría de los derechos fundamentales.* Trad. de Ernesto Garzón Valdés. Madrid: Centro de Estudios Políticos y Constitucionales, 3ª reimp., 2002, p. 240-245), vale dizer, um objeto complexo e de estrutura definida: "as distintas posições do cidadão e do Estado, e entre estas posições existem relações claramente determináveis, as relações de precisão, de meio/fim e de ponderação" (op. cit., p. 245). Mais adiante, afirma Alexy: "Está constituído por um feixe de posições de tipos muito diferentes. Assim, quem propõe o estabelecimento de um direito fundamental ambiental ou sua adiscrição interpretativa às disposições iusfundamentais existentes pode, por exemplo, incluir neste feixe um direito a que o Estado se omita de determinadas intervenções no meio ambiente (direito de defesa), um direito a que o Estado proteja o titular de direito fundamental frente a intervenções de terceiros que danifiquem o ambiente (direito de proteção), um direito a que o Estado permita participar o titular de direito em procedimentos relevantes para o meio ambiente (direito ao procedimento) e um direito a que o próprio Estado realize medidas fáticas tendentes a melhorar o ambiente (direito a uma prestação fática)" (p. 429); concluíndo o ilustre jurista que essas posições tratam-se como direitos *prima facie* ou como direitos *definitivos*.

dação ambiental, objeto do princípio, sob pena de defraudar-se o conceito. É certo que grande parte da doutrina, no entanto, já se inclinou pela atribuição de um direito subjetivo negativo. Com todo o respeito, não pensamos assim, pelas razões já manifestadas no interior deste ensaio. Devemos entender que o ambiente é um bem da coletividade,[139] aí reside seu núcleo central, portanto não pode servir a uma perspectiva individualista, sua própria matriz fraterna o informa como *direito-dever* ao ambiente ecologicamente equilibrado, bem como defendê-lo e preservá-lo. A mais de ser um *direito-dever*, ele é diretamente derivado do princípio do Estado Social e Democrático de Direito. Um Estado de tal jaez está firmemente ancorado na manutenção da segurança jurídica, e na proibição de retrogresso das conquistas da coletividade envolvida na relação *natureza/cultura* e sua adjetivação: *natural/cultural*; não o tivesse, far-se-ia tábula rasa do preceito conferido: *dignidade humana.*

Mas, há um problema. Hoje, mais do que nunca, especialmente na Europa – na Espanha entrou em vigor em 11 de janeiro de 2005 –, admite-se um *"direito à contaminação"*, derivação sutil de uma potência temporal definida pelo Protocolo de Kioto. *Direitos de contaminação* afrontam os valores da civilização e, portanto, a dignidade humana, quando se tornam, como é o caso, instrumentos financeiros-mercantis. O que se previu originariamente foi a emissão de certificados de contaminação como títulos liberatórios para aprazar as medidas protetivas ambientais, ainda que, com isso, se estivesse criando uma dívida para com as gerações futuras. Essas cotas de emissão transformaram-se. rapidamente, em *commodities* altamente apreciáveis e sob amparo da legislação ambiental. Por intermédio delas, uma indústria pode, por um período de tempo determinado, *contaminar*, devendo regular suas emissões até o limite da quota disponível; em caso de não reduzir suas emissões, poderá ir ao mercado comprar mais direitos (!) em vez de cessar suas atividades, ou reprogramar seu processo produtivo. Na realidade, o que se está fazendo é introduzir no mercado novos títulos negociáveis, transferíveis e pecuniariamente valiosos. O que se está empregando é uma velha máxima econômica: *quando algo está escasso, atribuir-lhe um preço restitui o equilíbrio entre a oferta e a*

---

[139] José Rubens Morato Leite o denomina de um *macrobem* (Cf. LEITE, J. R. M., *Dano Ambiental: do individual ao coletivo extrapatrimonial*. 2ª ed. rev., atual., ampl. São Paulo: Editora Revista dos Tribunais, 2003, p. 81-85), uma concepção que conduz o nosso *olhar* para uma dimensão holística, um *ver estético* que apreenda toda sua totalidade.

demanda. Mais ainda, estamos pondo um preço no que é de todos, mas que apenas alguns se apropriam (aí sim, vê-se um autêntico direito subjetivo).

Esses direitos de contaminação, certamente, atentam contra o objeto principial: a *vedação da degradação ambiental*, mais ainda, implicam diretamente violação do princípio da dignidade da pessoa humana e o da solidariedade intergeracional. Logo, a primeira (in)conclusão que podemos afirmar – como está na introdução deste trabalho – é que *a razão débil engendra a astúcia da razão*, o direito é necessário para acabar com o direito como já afirmou Juan Ramón Capella, num precioso livrinho[140] que muito lhe custou no meio acadêmico oficial de Barcelona.

5.3.2. Acordo semântico prévio

O princípio de proibição da retrogradação socioambiental, cujo objeto é vedar ou interditar a degradação ambiental, tem limites bem definidos. Para estudá-lo, torna-se necessário precisar, para melhor entendimento de nossa proposta, os termos que o compõe. São eles os substantivos: *princípio, proibição, vedação, retrogradação* e o adjetivo *socioambiental*.

A primeira destas concepções refere-se ao substantivo *princípio* ou no plural *princípios*. A literatura jurídica sobre eles é vasta e profunda, desenvolvida com criatividade por autores que albergam distintas posições doutrinárias.[141] Nós utilizamos desde sua pureza etimológica: *arché* (αρχη), que é o que está na origem. O substantivo *princípio* revela-se em toda a proposição fundamental ordenadora do conhecimento. Todo *princípio* está adiante radicalmente, isto é, está na raiz de todas as coisas, como ponto de partida ou como suporte do

---

[140] CAPELLA, J. RAMON, *Sobre a extinção do direito e a supressão dos juristas*. Trad. M. L. Guerreiro. Coimbra: Centelha Promoção do Livro, 1977.

[141] Cf. por todos, BONAVIDES, P., *Curso de Direito Constitucional*. 8ª ed. São Paulo: Malheiros Editores, 1999; ÁVILA, H. B., *Teoria dos Princípios – da definição à aplicação dos princípios jurídicos*. 3ª ed. São Paulo: Malheiros, 2003; ESPÍNDOLA, R. S., *Conceito de Princípios Constitucionais*, São Paulo: RT, 2002; BARCELLOS, A. P. de, *A Eficácia Jurídica dos Princípios Constitucionais*, Rio de Janeiro: Renovar, 2002. Sobre o Direito como sistema de regras e princípios na obra de Dworkin, confira-se o excelente trabalho de PEREIRA DE SOUZA NETO, C., *Jurisdição Constitucional, Democracia e Racionalidade Prática*, Rio de Janeiro: Renovar, 2002. Quanto aos princípios como "supernormas de Direito", indispensável consultar o trabalho de AYRES BRITTO, C., *Teoria da Constituição*, Rio de Janeiro: Forense, 2003.

raciocínio. Os princípios estão orientados por valores. Aqui tomamos valores no sentido que lhes atribuiu e bem, Nietzsche,[142] vale dizer, *vitais*, fundados no homem, melhor ainda, no modo de ser do homem. Os princípios revelam um *tópos* de *fundamentalidade*, estão em primeira cena e a ocupam, deles deriva a realidade cognoscitiva, valorada desde a percepção que deles deduzimos, como resultado (de nossas preferências) do objeto investigado. Princípio é mais que *postulado* ou *axioma*; aliás, estes dois últimos substantivos, modernamente, são tidos como sinônimos e inconfundíveis com o primeiro.[143] Os princípios, desde seu nódulo valorativo, substancialmente, pavimentam esta larga via da atividade criadora do homem. Pontes de Miranda, com a profundidade costumeira, afirmava:

> [...] Qualquer espírito pode formular concepções com os materiais abstratos das imagens, das idéias e demais elementos formadores do pensamentos; os princípios somente com elementos objetivos podem ser formulados. Ninguém deve improvisar princípios jurídicos, como ninguém pode fazer regras econômicas, políticas ou morais. É com tijolo que se constróem casas, e não com palavras. É das relações sociais que se tiram os princípios, de modo que entre as leis e eles pode haver paralelismo e a ineficácia daquelas será proporcional à discordância entre uns e outros. Na vida, toda a aplicação tenderá para reduzir as leis aos princípios e a perfectibilidade está em formula-las o mais próximas deles que for possível. Todos os princípios têm conteúdo especial (ético, político, econômico, etc.), ou geral (social), e seria preciso modificar a substância social para modificar, ou suprimi-la para os suprimir. É pela indução que, das soluções mostradas nas relações que se observam, pode tirar-se o princípio; depois, pela dedução, aplicar-se-á aos casos análogos.[144]

Logo, para os efeitos de nosso estudo, atribuímos aos princípios uma concepção não muito delimitada: são proposições empíricas geradas pelas relações psicossociais, revelados e reconstruídos no espaço e tempo onde essas se dão e das quais derivam, conformando um conjunto de poderes deônticos reconhecidos no círculo social relacionado. Desde seu reconhecimento, incorporam-se em normas cujo núcleo duro está preenchido por valores induzidos pela experiência comum. Esses valores são valores jurídicos, vale dizer, preferências

---

[142] Nietzsche, F., *La genealogía de la moral*. Trad. A. Sánchez Pascual. Madrid: Alianza, 1998.

[143] Atente-se que postulado ou axioma são considerados de premissas necessariamente evidentes e por isso carentes de demonstração, ao contrário, os princípios são tirados das relações inter-humanas havidas num cronotópos dado, são construídos permanentemente nelas e, por isso mesmo, são a cada momento interpretados e reconstruídos.

[144] Pontes de Miranda, F. C., *Sistema de Ciência Positiva do direito*. 2ª ed., vol. IV. Rio de Janeiro: Editor Borsoi, 1972, p. 221-222.

coloridas pelo direito. Os princípios jurídicos são informados, ademais, por valores advindos de outros processos de adaptação e corrigenda das relações inter-humanas (religião, estética, ética, política, economia, ciência); além do mais, eles compõem uma metodologia da *praxis* social cujo objeto é a indagação objetiva que pode dar-nos a realidade.[145] Importa ressaltar que todos os princípios, como expressões hipertextuais primárias, incorporam valores[146] e carregam consigo os seus fins.[147]

---

[145] Cf. Pontes de Miranda, F. C., *Sistema...*, vol. II, p. 164.

[146] Atente-se que *valor* (αξια) refere-se à utilidade emprestada aos bens, ou à dignidade prestada aos seres. Portanto, todo valor, mais além de um ser é um *dever-ser* (*sollen*), nasce da afirmação da vida, por isso vital, esse *dever-ser* está radicado *no modo de ser do homem*, sua autêntica possibilidade de escolha, isto já estava em Weber, que acreditava no embate constante de diferentes valores à escolha dos homens. Note-se que Weber fazia uma distinção lógica entre ser e dever-ser para acreditar seu postulado da *Wertfreiheit* ("neutralidade valorativa" – *como isenção, liberdade ou autonomia valorativa*), mas não rechaçava os valores nem o fenômeno mesmo dos valores, negando apenas o seu caráter absoluto e universal (Cf. Fariñas Dulce, M. J., *La sociología del derecho de Max Weber*. Madrid: Civitas, 1991, p. 122-128, esp. 128). Os princípios abrigam valores em conexão com uma situação dada. Aliás, Frondizi insistia na ênfase que se deve dar a tal conexão, pois concebia o valor como uma *cualidad estructural* que tem existência e sentido em situações concretas; assim, apóia-se duplamente na realidade, pois a estrutura valiosa surge de qualidades empíricas, e o bem a que se incorpora se dá em *situações reais*; todavia, advertia que o valor não se esgota em suas realizações concretas, senão que deixa aberta uma larga via à atividade criadora do homem (Cf. Frondizi, R., ¿*Qué son los valores? Introducción a la axiología*. 3ª, 15ª reimp. México: Fondo de Cultura Económica, 1999, p. 220-221). Frondizi afirmava que, frente aos objetos do mundo físico, podemos ser indiferentes. Contudo, tão pronto se incorpora a eles um valor, a indiferença não é possível; nossa reação – e o valor correspondente – serão positivos ou negativos, de aproximação ou rechaço. Não há obra de arte que seja neutra, nem pessoa que se mantenha indiferente ao escutar uma sinfonia, ler um poema ou ver um quadro (op. cit., p. 20).

[147] Figure-se o seguinte:

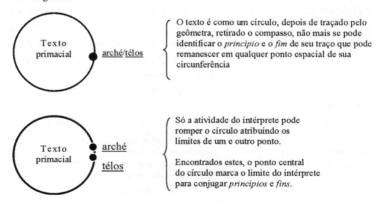

O segundo e o terceiro substantivos que interessa aclarar são: *proibição* e *vedação*. Proibir e vedar guardam sinonímia. Contudo, no imaginário social, vedar é mais que proibir. Veda-se para não "escorrer" qualquer fluido, para não perder-se qualquer substância. Vedar é obstruir, interditar, impedir algum processo ou ação. O substantivo *vedação* reveste esse impedimento. Proibir é impedir, vedar também, mas *posterius*, está em alguém que ordena, interdita, impede ou desautoriza; vedar é *prius*. Por isso pensamos o substantivo *vedação* como *objeto* imediato e razão proléptica da proibição, está em primeiro lugar, pois queremos acentuar esse *prius*. Com a vedação da degradação ambiental, como núcleo do princípio de proibição da retrogradação socioambiental, afastamo-nos do ato externo da *proibição*; vedação é interior, é uma *constatação empírica* de imediatividade, revela a essência do "princípio", pois está nele mesmo, e deixa claros os diferentes graus deônticos de cada expressão: o princípio de proibição, abstratamente considerado, e a sua objetividade concreta que se dá através da vedação que impõe. O princípio de proibição da retrogradação socioambiental é exógeno ao que regula ou emancipa, é intelectivo, racional; seu *objeto* a vedação é endógeno, mais *instintivo* e emocional às relações psicossociais. Lembrando, como afirmamos *retro*, que o direito é um produto cultural e revela-se como um dos processos de adaptação e corrigenda das relações inter-humanas desenvolvidas num espaço e tempo social,[148] podemos intuir que o princípio de proibição da retrogradação socioambiental está mais aproximado do *religioso* e conforma-se no *jurídico*; já o seu objeto, a vedação da degradação ambiental está mais aproximado da *estética* e conforma-se numa *ética*. Ademais, o princípio de proibição da retrogradação socioambiental, como todos os princípios estão mais influenciados pelas ideologias, contudo, como seu objeto imediato é a vedação da degradação ambiental, impõem-se, diretamente, limites a essas ideologias. O princípio e seu objeto implicam *disposição* imperativa que resulta em *posição* conformada ao máximo proveito comum.

Impende esclarecer o sentido que damos ao último substantivo, *retrogradação*, para os efeitos deste estudo. Atrás referimos que preferimos denominar retrogradação para designar retrocesso. Não se trata de mero capricho lingüístico. Antes de precisar uma concepção peculiar ao direito ambiental. Na sua razão etimológica, ensinam-nos os

---

[148] Cf. nota de pé de página n. 10 *retro*.

léxicos, o verbo *retrogradar* é expressivo. Composto pelo prefixo *retro-*, do latim *re-*, com a idéia de movimento para trás, retroativo, e *gradar*, do latim, pospositivo – *grado* ou antepositivo *grad* –, com o sentido de avançar passo a passo; assim, o verbo *retrogradar* expressa a ação de ir para trás, retroceder – passo a passo –, induzindo o substantivo *retrogradação* no sentido de um movimento de retroceder no tempo e no espaço. O substantivo foi apropriado pela astronomia para indicar o sentido retrógrado dos astros, conformando uma nova imagem sideral. Para nosso uso, apropriamos o sentido de retrogradação para significar a involução de um estado atual (ou o declínio de um estado melhor para um pior) ainda que este esteja já degradado, conformando uma imagem ambiental deteriorada.

Finalmente, o adjetivo socioambiental tenciona superar a dicotomia público/privado, qualifica as políticas públicas ambientais com os movimentos sociais, estabelece uma metodologia da ação social e ambiental, via um juízo crítico informado pelas políticas ambientais, promovendo uma pedagogia ambiental explícita,[149] afirma o ambiente como "um lugar de encontro", onde se dão a totalidade as relações, vale dizer um espaço físico apropriado para o exercício das ações socioambientais, promovendo um conjunto complexo de condições sociais, morais, naturais e culturais que cercam os seres vivos e neles podem influir decisivamente.

Portanto, quando referimos o *princípio de proibição da retrogradação socioambiental* e fazemos visível o seu objeto, *vedação da degradação ambiental*, queremos afirmar *uma proposição empírica, que através de uma eleição valiosa de nossa existência e desde uma perspectiva intergeracional, não permite ou impede que se retroceda a condições ambientais prévias àquelas que desfrutamos presentemente*. O princípio de proibição da retrogradação socioambiental assim concebido é um importante preceito normativo cujo objetivo é impedir ou vedar que as condições ambientais que desfrutamos retornem ao *statu quo ante*. Contudo, como veremos, esse princípio precisa ser contextualizado e relativizado para que não se torne um obstáculo para aquisições ulteriores de maior qualidade de vida.

---

[149] Cf. quadro da página 58 *retro*.

5.3.3. Limites do princípio de proibição da retrogradação socioambiental

Não há ação que não esteja limitada no tempo e no espaço. Toda a atividade humana, física ou psíquica, está limitada em extensão, conformando fronteiras que não podem ser ultrapassadas impunemente. O que tem limites está *determinado*, isto é, está demarcado, e o que está demarcado tem *utilidade*, vale dizer, é conveniente ou valioso. A língua teutônica tem dois termos muito significativos: *Grenzbegriff* e *Grenzwert*; o primeiro deles expressa em nosso léxico a expressão "conceito-limite"; o outro, "valor-limite". Em ambos, o que vemos é *determinação* e *utilidade*. Ambos os termos identificam o *limite*, seja em relação à capacidade de aquisição do conhecimento, seja em relação à qualidade desta aquisição. Um *conceito-limite*, fugindo do kantismo, é um conceito cuja extensão está contida no próprio objeto que identifica, e um *valor-limite* qualifica a grandeza deste.

Os princípios têm limites. Estão demarcados em sua extensão e proveito. São frutos relacionais, cujo reconhecimento está contido na experiência comum. Os limites dos princípios são os limites da experiência comum. O princípio de proibição da retrogradação socioambiental também tem seus limites. Sua extensão e proveito deve servir aos seres relacionados, e não servir-se deles. Toda imobilidade é gravosa quando travestida de imobilismo, vale dizer, quando repudia novas conquistas, apegando-se ao passado, ou fixando-se ao presente não deixa espaço para a inovação criativa. Por isso, não se pode imobilizar o progresso e, até mesmo, o regresso, quando este se impõe com a razão do princípio de proibição da retrogradação socioambiental.

Há condições especiais que exigem um "voltar atrás", um retorno a situações passadas (gravosas ou não) que são necessárias para a existência. De outro modo, há momentos em que retroceder é uma conquista. Muitos são os exemplos possíveis, *v.g.*, a transformação de áreas degradadas (atuais, portanto) em reservas reflorestadas, ou reconversão com planejamento industrial ou outro tipo de exploração sustentada. Aí, em nada se ofende o princípio, pois seu objeto, a vedação da degradação ambiental, não configura um retrocesso. O estado atual (degradado) não é valioso a reconversão sim. Os limites, portanto, dão-nos as condições em que se encontram os bens protegidos pelo princípio. De outro modo, mesmo em situações ambientais não degradadas, o estado atual pode ser objeto de retrogresso, quando as condições de existência o exigem, *v.g.*, técnicas de cultivo contaminadoras, exclusivas em determinadas situações, para atender imediatamente bens mais relevantes, ou a reversão parcial de reservas naturais para atividades culturais preciosas. Esses motivos, que afastam a incidência do princípio de proibição da retrogradação socioambiental, devem ser objeto de cuidadoso tratamento definitório da sua eleição. Avultam aí, outros princípios que devem ser sopesados: o princípio da dignidade humana, da segurança jurídica, o da supremacia da Constituição em matéria ambiental e o da proporcionalidade que lhe é interior.

5.3.4. Vedação da degradação ambiental e tempo

Tempus regit actum é o célebre brocardo muito utilizado no campo "civilista"; entretanto, é muito apropriado para a máxima da vedação da degradação. Já no *Eclesiastes* constava: *Para tudo há um tempo, para cada coisa há um momento debaixo dos céus* (3,1): (...) *tempo para plantar, e tempo para arrancar, o que foi plantado* (3,2); (...) *tempo para demolir, e tempo para construir* (3,3). O tempo está incorporado ao direito, numa existência autêntica que conduz a uma antecipação, a uma prolepse: vivemos no presente o futuro imaginado-o. Nesse "lugar de encontro", no ambiente, o tempo revela-se como duração e como *continuum*, fixando um "estar" ou um "permanecer". Tempo é experiência, podemos percebê-lo e concebê-lo. Tempo é história, podemos narrá-la e explicá-la. No ambiente o mesmo se dá.

Da relação natureza/cultura, sua derivação natural/cultural impõe uma temporalidade complexa: há um tempo histórico e biológico; há um tempo tecnológico; e, há um tempo cosmológico. O tempo histórico é percebido pelo biológico através das aquisições e desenvolvimento da vida no longo percurso da evolução. O tempo tecnológico apropriase da vida e passa a dominá-la. O tempo cosmológico enreda a todos e se esconde no mistério... *Chrónos* (Χρονος) e *Kairós* (Καιρος) disputam a primazia. O primeiro, lineal, devorador é um tempo de espera, um tempo onde o retorno não é possível e, no presente, antecipa-se todo o futuro. O segundo é o paradigma do tempo, cíclico, o que se dá no momento oportuno, é o tempo da memória, é o tempo onde todo retorno é possível, é o tempo do *acontecimento*, das utopias, do imaginário, *Kairós*, paradigmático, está ligado ao conteúdo do tempo, à situação que este tempo traz consigo, às possibilidades que oferece... É um tempo que não apropria e permanece. Passado e presente convivem numa memória exemplar, e o futuro está no presente que se prolonga. Com o ambiente o mesmo se dá. O ambiente é *Kairós*, a ação do homem sobre o ambiente é *Chrónos*. O natural é *Kairós*, o cultural é *Chrónos*.

Não permitir a degradação do ambiente é intervir na disputa entre *Kairós* e *Chrónos*. Contudo, esta contenda não tem vencedor, só vencidos. O princípio de proibição da retrogradação socioambiental, implicativo da vedação da degradação ambiental, só pode atenuar o embate, estabelecer uma paz relativa, como relativo é todo o tempo; por isso, não permite o imobilismo absoluto, pois sabe que o futuro como representação se incorpora ao presente. Neste *lugar de encontro* há um tempo para tudo. Permanecer nele é o mais importante. Impedir que se degrade é um dever *prima facie*, mesmo que esse *lugar* já não seja o dos nossos sonhos...

Atente-se que é desde o espaço que o tempo passa a existir. Esse primeiro átimo temporal inaugura o *lugar* em que ocorreu. Uma só dimensão: a extensão. Assim, o tempo é o espaço percorrido pelas transformações: a mesma flor que era botão e agora está aberta, a despeito da *identidade*, mudou; a folha, que era verde, ficou amarela.[150] *O tempo é algo que permite a variação do idêntico.*[151] Portanto, não se pode absolutizar a vedação da degradação, pois se impediria a transformação. Contudo não se deve cair num relativismo irresponsável, onde o indistinto marca a sua presença; antes, reconhecer a pluralidade e a heterogeneidade das relações naturais/culturais que se desenvolvem nesse *lugar de encontro*, no ambiente.

O *tempo de plantar* é diferente do *tempo de colher*, mas para colher, por vezes, é necessário destruir o que foi plantado. A reconstrução é sempre sobre o que foi construído. Todo o retroceder, por vezes, é um ensaio para o novo. O problema está na qualidade deste *novo*. O ato retrogressivo em si não causa dano. O dano está no *efeito* que possa o ato causar. Portanto, a prudência é o farol guia de todo princípio. A ponderação – que é peso, portanto, *força* – é seu instrumento.

Tempus regit actum, o tempo rege o ato, adquire assim uma nova feição, passa a ser um *tempus loquendi*, onde o falar marca o ritmo, a fruição ou o gozo de estar ou permanecer. Mudar para melhorar, não

---

[150] O exemplo é de Felix Auerbach, *Das Wesen der Materie*, Leipzig, 1918, 9., *apud*, Pontes de Miranda, F. C., *Sistema...*, vol I, p. 157.
[151] Pontes de Miranda, *Sistema...*, vol. I, p. 157.

para piorar. Contudo, por vezes, o pior pode vestir-se como o melhor. Tudo isso está nuclearmente contido no princípio de proibição da retrogradação socioambiental. O tempo é seu mais forte aliado, e a conquista da manutenção do princípio revela-se como um *direito-dever* de todos indistintamente.

5.3.5. Vedação da degradação ambiental e espaço

Não vai nos interessar o debate entre o *nominalismo* e o *realismo*, relativamente ao conceito de espaço, aqui não é o lugar apropriado para fazê-lo. Assim, o que nos interessa é construir uma concepção de espaço, útil para os nossos propósitos. O próprio princípio de proibição da retrogradação socioambiental ocupa um espaço. Um espaço psíquico, intelectual e plural num primeiro momento; depois, um espaço moral, político, jurídico, econômico... Mais ainda um espaço corporal o próprio "meio": cósmico, físico, biológico e social. É desta conformação espacial que vamos tratar.

Espaço é *lugar*, já estava em Aristóteles na sua *Física*, como *o limite (i)móvel que abraça um corpo*.[152] Todavia, não é só *lugar*, é ainda o que *contém*; um conceptáculo, vale dizer, o *locus* da concepção de algo e o recipiente que vai abrigar a sua multidimensionalidade, conformando um *campo*. Mais além da concepção *natural* do espaço há a concepção *cultural* que radica na apercepção[153] de sua *realidade*. Aí muitas *posições* são possíveis. Uma delas, se revela na *teologia*. O espaço do sagrado, a *substancialidade* do mítico, a distinção do *céu* e da *terra* intermediada pelo demiurgo. Outra está diretamente vinculada à *posição* subjetiva de conceber o *espaço*, neste sentido, ainda atual o pensamento de Leibniz, que o entendia como uma narração expressiva das relações das coisas entre si.[154]

---

[152] Cf. Aristóteles, *Física*, Lib. IV, 212a, *in*, *Obras Completas*, Madrid: Aguilar, 1967, p. 618-620.

[153] O vocábulo *apercepção – apperceptio, onis* – muito caro a Leibniz, foi utilizado por ele no sentido de consciência da próprias percepções, e.g., a percepção da luz ou da cor que é composta de pequenas percepções que conforma a apercepção. Um ruído que percebemos, mas não damos atenção, todavia, se crescer de volume torna-se aperceptível. Os animais têm percepções, mas não têm apercepções porque as apercepções são próprias dos seres humanos, já que suas percepções são acompanhadas pela potência de refletir. A atividade intelectual é, por conseqüência uma atividade dominantemente aperceptível, pois além de percebermo-nos como sujeitos percipientes e, assim, nos distinguirmos da coisa percebida, empregamos esta capacidade em dimensão especial para definir, com rigor, ampla gama de representações às quais emprestamos valor.

[154] Cf., LEIBNIZ, G. W., *Novos ensaios sobre o entendimento humano*. Trad. L. J. Baraúna, São Paulo: Abril Cultural, 1974, p. 297; especialmente, Cf. LEIBNIZ, G. W., *Correspondência com Clarke*. Trad. C. L. Mattos. São Paulo: Abril Cultural, 1974, p. 413 s.

Para nosso proveito, pode interessar uma concepção de espaço, não puramente racionalista kantiano, nem puramente empirista humeniano; mas, uma concepção que atenda a uma representação *a priori* enquanto *intuição*, ou uma experiência corpórea enquanto *apercepção relacional*; a primeira é contemplativa; a segunda é compreensiva. Portanto, uma concepção deste matiz entende o espaço de modo não antropocêntrico, pois não podemos fundar o espaço apenas em nossas *sensações*; logo, não podemos concebê-lo apenas como infinito e contínuo,[155] antes como relações corpóreas singulares ou plúrimas, finitas, contínuas e descontínuas. O espaço é onde essas relações se dão, portanto, *não temos no mundo um só espaço, e sim muitos.*[156]

A máxima de vedação da degradação ambiental intenta proteger as condições *atuais* da coexistência dos espaços ambientais contra eventuais agressões que possam implicar a sua regressão. A regressão positiva, vale dizer, aquela que beneficia, por óbvio, não é alcançada pela vedação. Seu tempo, portanto, não se mede por *atualidade*, antes revela-se por uma dialética de permanência/impermanência.

5.3.6. O tempo e o espaço ambiental – permanência, conservação e manutenção

O espaço e o tempo são relativos. E aí, nada obstante o *tempo* que os distancia, Leibniz e Einstein, num *espaço epistêmico*, de algum modo, coincidem. Pois dizia Leibniz que o espaço é algo meramente relativo, o mesmo que o tempo. Sustentava que o espaço se podia conceber como uma ordem de *coexistências*, assim como o tempo podia ser concebido como uma ordem de *sucessões*. Porque, dizia Leibniz, a noção de espaço denota, em termos de *possibilidade*, uma ordem de coisas que existem ao mesmo tempo, isto é, consideradas como existindo juntas, sem inquirir sobre o seu *modo* de existir. E, quando vemos varias coisas juntas, percebe-se essa ordem de coisas entre as mesmas. Afirmava Leibniz, que duas coisas existentes, A e B, estão em uma relação de situação, pois, em verdade, todas as coisas coexistentes estão em relações de situação. Ademais, se considerarmos, simplesmente, como coexistindo, isto é, como estando em

---

[155] Cf. PONTES DE MIRANDA, F. C., *Introducção à Sociologia Geral*. Rio de Janeiro: Pimenta de Mello & C., 1926, p. 92-101, especialmente p. 94-95.
[156] PONTES DE MIRANDA, F. C., *Introducção...*, p. 95.

relações mútuas de situação, temos a idéia de espaço como idéia de uma ordem de coexistência. E, se não dirigimos a atenção a nenhuma coisa realmente existente, mas simplesmente concebermos a ordem de possíveis relações de situação, teremos a idéia abstrata de espaço. O espaço abstrato, pois, não é nada real: é simplesmente de uma ordem relacional possível. Também o tempo é relacional, dizia Leibniz, pois se dois acontecimentos, A e B, não são simultâneos, mas sucessivos, há entre eles uma certa relação que expressamos dizendo que A é antes que B, e B depois que A. E, se concebermos a ordem de relações possíveis dessa espécie, teremos a idéia abstrata de tempo. O tempo abstrato não é mais real do que o é o espaço abstrato. Não há nenhum espaço abstrato real no qual as coisas estejam situadas, nem há um tempo real abstrato e homogêneo em que se dêem. Repita-se, não há nenhum espaço abstrato real em que as coisas estejam situadas, não há um tempo real abstrato e homogêneo em que se dêem as sucessões.[157]

Em outro lugar, escrevemos: "[...] Espacio, como campo, en el sentido del lugar donde se dan la totalidad de los eventos posibles, reside el primer concepto de espacio de Einstein, que prevalece en la física contemporánea. Einstein, concluyó que aquello que percibimos como espacio y tiempo, son aspectos de una impar realidad subyacente que él llamó de 'continuum espacio-temporal'. Así, percibimos el continuum como una cantidad particular de espacio – longitud, anchura y altura– y una cantidad particular de tiempo; las proporciones reales dependen de la velocidad del observador. Esa visión lleva al entendimiento que la noción de campo implica un nuevo modo de ver la materia (ponderable o imponderable – tangible y intangible), y el espacio, según un cálculo entre densidad de materia y variaciones de energía, en una dimensión temporal que incluso aleja la noción del vacío imponiendo el continuum-discontinuum, en un ciclo dialéctico de permanencia y no-permanencia",[158] vale dizer, possibilidade de coexistência.

De outro modo, se concebermos o espaço como continente, aproximamo-nos da idéia de espaço vazio. Demócrito já expressava a idéia de que os átomos se moviam no espaço vazio, e que este espaço

---

[157] Cf. LEIBNIZ, *Correspondência...*, p. 413 e s., 419 e s., 434 e s., especialmente 436-437, 439 e s., 443, 450.

[158] MOLINARO, C. A., *Los deberes humanos ante la perspectiva del "diamante ético" de Joaquín Herrera Flores*, 2ª versión. Sevilla: UPO, 2002, p. 85.

é infinito. Mais preciso o pensamento oriental, pois o vazio que contém todas as coisas – explica a filosofia oriental *sunyata* – revela-se na *vacuidade*; para esse pensamento, o *ego* se prende à chamada realidade das coisas. O *desa*, que é para o Vedanda o *princípio de localização espacial*, é também, um campo de noções contraditórias. É aí que se pode incluir a vedação da degradação. O espaço (pensado como *ambiente*) é a inspiração básica de nossa lógica habitual de juízos mutuamente excludentes que sustenta a paixão ou o frenesi do pensamento puro, pois o poder ilimitado do *sattva* informa que há sempre um "aqui" e um "não-aqui", um "neste lugar" e um "mais além"[159] – mas todos igualmente valiosos.

Desse breve esboço, a conclusão leibniziana, no sentido que o espaço pode ser concebido como uma *ordem de coexistência* que o situa em um *campo* (Einstein), influi decisivamente na concepção de espaço como um campo aberto de relações. Portanto, sua *permanência*, *conservação* e *manutenção* exige a apercepção dessa realidade, sua imediatividade e concreção relacional. Pontes de Miranda, com sua acuidade costumeira, já afirmava: "só existe espaço social onde há matéria, onde há energia social; portanto, só existe espaço social onde há relações sociais".[160]

A permanência, conservação e manutenção do espaço ambiental, onde se dão as relações ambientais, revela-se como o teleológico do princípio de proibição da retrogradação ambiental. Conservar é manter íntegro, respeitar o que aí está; a substantivação do verbo deu como resultado *conservação*, revelando o efeito que se quer perseguir, vale dizer, uma metódica prática que objetiva à utilização dos *recursos*

---

[159] Cfr. ZIMMER, H., *Filosofias da Índia*. São Paulo: Pala Athena, 1991, p. 305, 337, 359, 376-377.

[160] PONTES DE MIRANDA, F. C., *Introducção...*, p. 98; *Sistema...*, I, p. 151-152. Pontes de Miranda acrescentava: "onde há espaço social há direito". Onde dois ou mais homens conseguem insular-se da ação social do Estado ou pela diversidade dos fins de um e do outro meio (Estado e Igreja, Estado e maçonaria, etc.), ou pelas impossibilidades físicas de aplicação do direito de qualquer sociedade constituída, começa a germinar e acaba por nascer novo direito, que se apresenta sob a forma rudimentar e primitiva de regras inconscientes e costumeiras ou soluções violentas da nova comunidade. Se quisermos concretizar o pensamento, basta trazer-se para o mundo social, para a vida comum, a afirmação concernente ao mundo atmosférico: onde há espaço social há direito, como onde há espaço atmosférico há corpos sólidos, líquidos ou fluídos que o ocupem. O vácuo é criação do artifício humano e por isso mesmo imperfeito. Aonde não vai a dilatabilidade de um direito surge a do outro que preenche o trato de espaço aberto à vida de relação. E no mundo jurídico, – como no físico, com a expansão dos gases, – é incompatível a pureza química do ambiente. Todos os sistemas jurídicos são heterogêneos como o ar atmosférico (*Sistema...*, tomo I, p. 77).

naturais, com o escopo da preservação e renovação sempre que possível. A conservação traz consigo a permanência, que é subsistir, e implica a manutenção; cuidemos que a manutenção descobre *aquilo que se mantém com a mão*, isto é, a ação de manter para perdurar, aí se inclui tudo: a espaciotemporalidade física, psíquica, social, cósmica [...].

Ainda que advoguemos uma postura ecocêntrica, não tem sentido falar-se do princípio de proibição da retrogradação ambiental sem referir a humanidade. Só há ambiente protegido desde uma razão humana. O espaço ambiental sem o homem é apenas espaço relacional, compósito possível de coexistência, e ainda não ajetivado pelo cultural. É com a sua ocupação pelo ser humano relacionado que adquire relevo, isto é, passa a ter prioridade à existência. Passa a ser objeto dos diversos *processos adaptativos das relações inter-humanas*: religião, estética, ética, política, direito, economia, ciência... Passa a ser espaço social, mesmo aqueles "lugares" ainda não explorados ou habitados pelo homem, pois estão lá, ao alcance do humano, e já constituem objeto de seu conhecimento; até mesmo o espaço estelar, cósmico, já é objeto da apreensão humana visto ser cognocível; passíveis, portanto, de apropriação. Vê-se pois, a enorme importância da vedação da degradação que baliza, e bem, a atividade humana na utilização destes espaços, com a imposição dos deveres de conservação e manutenção de suas condições para a coexistência dos relacionados. Isto é assim, pois a humanidade se *faz* com o ambiente, sua produção está com ele correlacionada imediatamente, e é responsável pela geração do "ambiente humano", num *oíkos* (οικος) conformado pela totalidade de suas conquistas *naturais/culturais*. Por isso, toda a realidade se dá como realidade interpretada pelo agir humano, organizada por um normativo dialético produzido na relação subjetividade/objetividade, desvelando uma complexa fronteira intercultural, onde muitas ciências concorrem para delimitar as condições do humano e dos outros seres. É desde esta fronteira que avulta a responsabilidade e a demanda ética dos seres humanos para com o ambiente.

Ingo W. Sarlet, com acerto, concluiu que "a proibição de retrocesso assume a condição de um dos mecanismos para a afirmação efetiva de um direito constitucional inclusivo, solidário e altruísta",[161] um "mecanismo afirmativo" deste tipo tem de levar em consideração

---

[161] SARLET, I. W., *Direitos Fundamentais*, loc., cit., p. 163.

que a natureza não pode ser separada da cultura, e que precisamos pensar "transversalmente" as interações entre os diversos campos do saber (mesmo no *interior* de um deles: o direito; e, seu mandamento positivo maior: a Constituição); as interações entre os ecossistemas, "mecanosfera e Universos de referência sociais e individuais".[162]

Para finalizar este título preambulado por Kazantzákis, vale lembrar Pontes de Miranda, quando afirmava que a apropriação intelectual do saber se faz sempre desde uma imparcialidade objetiva do estudo da ciência, o que possibilita a certeza que os resultados futuros de nossas ações nos vai transcender, pois o universo passa a estar dentro de nós, e nós, cada vez mais, mais dentro do universo.[163]

---

[162] GUATTARI, F., *As três ecologias*. Trad. M. C. F. Bittencourt. São Paulo: Papirus, 1990, p. 25.
[163] PONTES DE MIRANDA, *Sistema...*, I, p. 100.

6. Mínimo existencial ecológico e o princípio de proibição da retrogradação socioambiental: estudo crítico

6.1. Ecocidadania e dignidade humana – segurança jurídica e responsabilidade intergeracional

O resultado dos processos adaptativos das relações inter-humanas no espaço social (re)produz-se na história dos seres humanos. Essa história está impressa na interação articulada sobre a natural e o cultural. Negociamos momento a momento o que somos, não só nossos valores, mas a importância que atribuímos ao ambiente social onde estamos inseridos. Por certo, buscamos reafirmar nosso coexistir diário por comparação que fazemos frente ao *outro* e, por vezes e na maior parte das vezes, em oposição a ele.

Mais que personalidades individuais, somos identidades coletivas em permanente mudança, que se definem quotidianamente numa dinâmica de acertos e contradições. O cenário público ou privado, com densidade religiosa, estética, ética, política, jurídica ou econômica montado em um espaço e tempo social definido, num contexto *local* ou *global*, dá sentido ao que somos e imediatamente contribui para a definição de nosso futuro. Contudo, não é freqüente refletirmos sobre as diversas facetas destas nossas identidades em constante transformação. Via de regra, somente as vivemos (por vezes, alienadamente). Por isso, meditarmos sobre estas nos exige questionar não só o que somos, e qual é nosso papel e a nossa responsabilidade neste *espaço-mundo-tempo*, mas reconhecer em *nós* e no *outro* (que também está em nós), nossa condição de *parte* de um gênero: o humano; apenas parte, não sua totalidade, pois há um *humano* mais além do *Homem*. Há um humano que se coletiviza, que se torna tributário do social. Esta consagração *humanizante* alcança a todas as coisas, especialmente a fabulação que incorpora todas as narrativas do (co)existir; a concepção de direitos humanos na declaração africana nos revela bem essa idéia.[164] Observe-se que na maior parte das culturas africanas a *diferenciação* é considerada como essencial e pré-requisito funcional para que cada um seja indispensável ao *outro*. Isto porque na cultura africana, somente podem viver juntos aqueles que são diferentes, isto é assim, tendo em vista que na perspectiva africana do mundo, a vida é um processo em que cada um se identifica progressivamente, não com o outro, do qual deve reivindicar sua diferença, mas com a totalidade da comunidade, vale dizer, com a vida cósmica e, especialmente, com a vida divina; aqui evidencia-se um matiz forte do princípio de defesa de um "mínimo existencial ecológico". Atente-se que por força do artigo 27, 2, da Carta de Banjul, todos os direitos e liberdades são exercidos em *"respeito dos direitos de outrem, da segurança colectiva, da moral e do interesse comum"*.

Como socialmente tributários do *habitat* que ocupamos, somos obrigados a reconhecer que o suporte para individualizar nossas identidades está fortemente ancorado na *estética* e na *política*: lugar onde tem assento a nossa identidade nacional, e lugar onde se dá a possibilidade de delinear um modo de vida, desde a condução de um olhar para o *outro* (verdadeiramente, um ato de *ver* estético) e, neste ato, reconhecê-lo e responsabilizarmo-nos por ele. Reconhecimento e reciprocidade são as chaves de leitura da história do *humano* responsável que não exclui; melhor ainda, *do humano que sabe ver e ouvir*[165] e mais, sabe participar, assumir compromissos e lutar por eles.

A *mística* da identidade nacional está fundada no modelo político que decidimos adotar; e a história de nosso devir, de nossos conflitos que dissolvem, criam e transformam toda a realidade existente para a constituição da identidade (nacional), revela-se como o produto de

---

[164] A versão da Carta Africana dos Direitos do Homem e dos Povos (adotada pela Assembléia da ONU em Nairobi em 24 de junho de 1981) em português tem versão publicada na coletânea de Jorge Miranda, Direitos do Homem - Principais Textos Internacionais, 2ª ed., Lisboa: Petrony, 1989, p. 299 e s.

[165] Cf. DUSSEL, E., *Ética da Libertação*. Trad. E. F. Alves e outros. Petrópolis: Vozes, 2000, p. 426.

nossas "maquinações" filosófico-políticas (Deleuze/Guattari), no inacabado processo de dar-nos um sistema político que nos contenha. Assim, a democracia liberal – desde o princípio da igualdade de direitos – vai limitar a identidade nacional por razões culturais estabelecendo uma homogeneização e uma exclusão não muito diferente das denominadas "democracias autoritárias". Esta uniformização proscritiva (e retrocessiva) constitui um fator que agride os fundamentos mesmos da democracia, vale dizer, da pluralidade dos interesses envolvidos, das tradições, crenças e opiniões que contendem no espaço público e corporificam o poder político. De outro lado, e em oposição, o modelo republicano (democrático-liberal) não vai afirmar exclusivamente o princípio fundamental da igualdade, pois o seu ideal é o reconhecimento das identidades culturais diversificadas. Portanto, o que nele se dá é a ênfase na igualdade de valor, logo, de respeito nos grupos sociais, e só ulteriormente no indivíduo. Isto é assim, pois para a tradição e para as crenças republicanas, o indivíduo *só o é* em comunidade. Ela o antecede e desenha sua linha de coexistência, elegendo os valores fundamentais e seus direitos básicos e concretos como pessoa. Portanto, na perspectiva republicana, o conjunto de direitos e deveres, os normativos sociais e as esferas de competência dos poderes exigem a adequação às identidades culturais.[166]

A essas identidades culturais se atribui *dignidade*. Dignidade é valor. Este valor emprestado ao homem individualmente se revela como dignidade da pessoa humana, no desdobramento e na aclaração das potencialidades humanas para construir os meios e as condições necessárias que possibilitam o desenvolvimento da capacidade humana genérica de *fazer e desfazer mundos*. Esta ação de fazer e desfazer mundos, poética (ποιητικος) por certo, é o ato criativo máximo do homem, como revela o conceito grego, e que Aristóteles bem descreveu ao afirmar:

---

[166] É de Stuart Hall a seguinte observação: "Las identidades culturales tienen un origen, tienen una historia. Pero como todo lo que tienen historia, ellas sufren transformaciones continuas. Lejos de estar eternamente fijadas en un pasado esencializado, están sujetas al 'juego' continuo de la historia, la cultura y el poder, lejos de estar basadas en la mera 'recuperación' del pasado, que está esperando que lo descubran y que una vez descubierto nos daría un sentido eterno de seguridad en nosotros mismos, las identidades son los nombres que damos a los diferentes modos en que estamos dispuestos por, y nos disponemos en, la narrativa del pasado" (a citação está em Peter Wade, Identidad y etnicidad, in ESCOBAR, A. E PEDROSA, A. (editores). Pacífico ¿Desarrollo o diversidad? Estado, capital y movimientos sociales en el Pacífico colombiano Santafé de Bogotá: Cerec-Ecofondo, 1996, p. 293).

[...] la obra propia del poeta no es tanto narrar las cosas que realmente han sucedido, cuanto contar aquellas cosas que podrían haber sucedido y las cosas que son posibles, según una verosimilitud o una necesidad. [...] Es necesario, tanto en los caracteres como en el entramado de los hechos, buscar siempre lo necesario o verosímil que un determinado personaje hable u obre de tal manera y que luego de tal cosa se puede producir tal otra, o necesaria o verosímilmente.[167]

E, Aristóteles vai concluir que "é necessário dar preferência ao impossível que é verossímil sobre o possível que resulta incrível" (1460a),[168] o mesmo se aplica a esse *fazedor de mundos*. Pois, na *ação* há de ter-se em conta o personagem que fala e obra, e a *quem* se dirige quando obra e fala, em favor de *quem* o faz e por que motivos, se é para lograr um bem maior ou para evitar um mal maior.[169]

Essa identidade cultural, quando se localiza como identidade nacional, é o rasto da pessoa humana que se concreta na cidadania. Na cidadania digna, já que o núcleo duro da cidadania é a dignidade humana. Se lhe adjuntarmos o antepositivo *eco-* (de πικος), ecocidadania, se desvela o *locus* onde se a exerce. A concepção de ecocidania está bem delineada no pensamento de Ramón Soriano e Luis de la Rasilla, em trabalho denominado *Democracia vergonzante y ciudadanos de perfil.*[170] Por ora, digamos que nos fundamentos do sentido de cidadania está incorporada a noção e o sentimento de identidade e de pertença, ou de domínio exclusivo. Este não se revela tão-somente no fato de ser membro de uma nação, ou de utilizar o mesmo idioma; não, o principal é que se constitui, também, num entramado de eventos históricos que mantém e garantem a união das pessoas; a pertença, como domínio, se projeta, ainda, num complexo sentimento que as pessoas têm com preocupações comuns, neste "lugar de encontro" e a respeito do futuro. Por isso, toda a relação grupal de pertença impende e suscita a preocupação. E quando as pessoas se preocupam com as outras, refletem e atuam solidariamente, contribuindo assim ao bemestar da sociedade, inclusive, antes de que apareça sólida, a reivindicação de participar nas decisões que lhes afetam. Isto é tão forte,

---

[167] ARISTÓTELES, *Poetica*, trad. VV. A., 2ª ed. Madrid: Aguilar, 1967; 1451b e 1454a p. 85 e 90.

[168] Cf. Aristóteles, *op. cit., loc. cit.*

[169] Cf. Aristóteles, *op. cit.*, 1460b, p. 104.

[170] Editorial Comares, Granada, 2002; a propósito se pode consultar o site na WEB mantido pelos dois professores: www.ecociudadania.org.

dizem os sociólogos, que mesmo alguns que eventualmente estejam privados de seus direitos cívicos, ainda assim, sentem-se vinculados aos demais por uma espécie de parentesco e sentimento do pertencimento comum.

Há aí dois problemas: a) *a condição mesma de cidadão, cidadã*, desde a perspectiva da garantia de um "mínimo existencial"; b) o perdurar dessa garantia e suas implicações. Por "mínimo existencial" se pode atribuir a concreção mesma das condições de efetivação da *dignidade* humana. *Existir exige a efetividade das condições de estar presente como realidade subjetiva*; mais ainda, *reclama a concreção da possibilidade de coexistir*, vale dizer, *de estar presente como realidade intersubjetiva*. Por "garantia" se podem conceber, entre outras, duas ordens de relação: garantias individuais e garantias coletivas. Estas últimas se revelam primeiramente nos *privilégios*, depois nos *direitos* conferidos aos cidadãos e cidadãs constitucionalmente; as primeiras estão na razão constitucional conferida ao indivíduo, bem como as limitações que, em benefício dele, se imponham aos poderes públicos; ademais, inferem ou deduzem as *permissões* que o sistema atribui.

O mínimo existencial (ecológico), nesta relação cidadã, deve ser encontrado, também, no que o Max-Neff denominou de "desenvolvimento em escala humana",[171] vale dizer, que todos estejam atendidos em suas necessidades básicas. Por necessidades básicas, deve-se entender duas funções: i) a formulação de níveis crescentes de autodependência; e ii) o estabelecimento de articulações orgânicas entre a natureza e o saber, revelando uma interação harmoniosa dos indivíduos com a natureza (que pode ser denominada de função ecológica), e uma reflexão consciente sobre a ciência (o que revela uma função tecnológica). Isto só será possível quando se conseguir equalizar os procedimentos *globais* com os procedimentos *locais* (tarefa máxima para a política, o direito e a economia) desde uma razão que atenda aos interesses da *sociedade civil* em uníssono com as atividades *indelegáveis* do Estado. Max-Neff afirma que para obter este objetivo precisamos resgatar o conceito de "democracia da cotidianidade",[172]

---

[171] MAX-NEFF M e outros, *Desarrollo a escala humana. Una opción para el futuro*, in, *Development Dialogue*, n. esp. 9.93, 1986. Traduzido e ampliado em: *Desarrollo a escala humana, Concepto, Aplicaciones y Reflexiones*. Barcelona: Icaria, 1993.

[172] Para os nossos propósitos podemos conceber a "democracia da cotidianidade" como o conjunto de ações, realizadas pelo corpo social, todos os dias, de modo sucessivo e contínuo,

pois é nela que encontraremos o que ele denomina de *"dimensão molecular do social"*, vale dizer, espaços locais ordenados em escala humana. Por óbvio, para esta tarefa, necessitamos de um Estado *forte*, um Estado que não se recuse a "desvelar" toda a "marginal" em que se encontram estratos imensos da população, suas misérias, em grande parte geradas pelo próprio sistema. Um "por-se à vista" deste matiz, por certo, afirma e acentua a *fraternidade* e a utilização de *instrumentos solidários* que infirmam a injustiça e conformam a possibilidade do justo social. Neste caminho, o importante é não confundir as *necessidades que são inerentes à condição humana*, com as *necessidades básicas do ser humano*, do *ser* socialmente humano.[173] As primeiras estão impressas no biológico e no psíquico; já as segundas, são resultados de uma política crematística, fruto de um modelo social, político e econômico arquitetado pela deformação do *cultural*.

Ao perseguir uma *"democracia da cotidianidade"*, indispensável à aplicação do *princípio da responsabilidade*, para a proteção efetiva das gerações do porvir frente às nossas ações e seus efeitos diretos e indiretos, e mais ainda, das nossas omissões, por vezes consentidas, no presente, devemos perseverar na luta para tornar efetiva o *princípio da dignidade da pessoa humana*. Desvela-se, assim, que uma democracia (participativa e) da cotidianidade só é possível quando asseguradas as condições de qualidade de vida das gerações presentes e das que as seguem, e isto passa por refletirmos com Max-Neff no sentido que não somos "o centro de todas as coisas, mas parte de todas as coisas, e que não só a vida humana é sagrada, senão que toda a forma de vida é sagrada".

Esta reflexão só pode ser exercida por uma *crítica* que atenda aos princípios de um direito justo e de uma Justiça que esteja preparada para interpretar *justamente* o direito, vale dizer, a necessidade de, em momentos definidos da história, *negar a realidade do fático e de sua injusta realidade*, propugnando por um "anseio" universal de esperança, ou nas sábias palavras de Horkheimer: *"esse inextinguível impulso, sustentado contra a realidade, de que esta não deve mudar, que se*

---

caracterizando o redobro da máxima vantagem social, vale dizer, a reduplicação de efeitos expressivos da vida comum havida num Estado Social e Democrático de Direito.

[173] Aguda a observação de Humberto Maturana: "o ser humano é constitutivamente social. Não existe o humano fora do social. O genético não determina o humano, apenas funda o humanizável. Para ser humano é necessario crescer humano entre humanos" (*A ontologia da realidade*. Belo Horizonte: Ed. UFMG, 1999, p. 205-206).

rompa a maldição e se abra passo a justiça [advertindo-se aos incrédulos que] o bem é bom, não enquanto triunfa, mas enquanto resiste ao triunfo".[174]

Os substantivos *segurança* e *garantia* andam de "mãos dadas". Segurança é o *resultado* ou o *efeito* de uma ação que objetiva tornar certo, sustentável ou estável alguma coisa. O que está seguro está garantido. Quanto a origem das mesmas, várias podem ser as posições; o *iusnaturalismo* firme na origem formal das garantias individuais tem sustentado que são superiores ao próprio homem e a qualquer organização normativa, pois os direitos do homem e da mulher são inseparáveis de sua natureza e inerentes às suas personalidades, portanto, as garantias, por preexistentes, devem ser respeitadas pelo Estado, tendo o mesmo a obrigação de incluí-las no seu ordenamento jurídico; de modo diverso, os *positivistas radicais* vão afirmar que sobre o poder do povo ou da nação não existe nenhum poder individual, razão pela qual o sujeito, individualmente, não tem qualquer direito que opor ao Estado, sim que, o Estado, para propiciar o bem comum, concede aos súbditos determinadas prerrogativas que o colocam ao amparo de eventuais desmandos, atos arbitrários ou possíveis iniquidades praticadas pelas autoridades que atuam em sua representação.[175]

As concepções de garantia foram as mais diversas no decurso do tempo, pendente a ciência que as estudava. No direito público, adquiriu significação metonímica, pendente ao tipo de seguridade envolvida ou a característica da proteção pretendida, em favor dos governados num Estado de Direito. Uma das garantias – senão a maior – do cidadão e da cidadã está no respeito aos direitos humanos e aos direitos fundamentais devidamente efetivados, que lhes são atribuídos pela ordem positiva internacional e pela ordem constitucional do Estado.

Entre estes direitos, está o direito fundamental à vida, bem como das condições de vivê-la dignamente. O direito ambiental, também fundamental, vale dizer, *o direito ao gozo de um ambiente são e*

---

[174] HORKHEIMER, M., *Anhelo de Justicia. Teoría crítica y religión* Trad. J.J Sánchez. Madrid: Trotta, 2000, p. 226, 235.

[175] A "segurança jurídica" está ancorada na convicção da estabilidade, do equilíbrio que um sujeito desfruta no seu entorno, neste "lugar de encontro", revela-se através dos atos de fidúcia sobre os próprios recursos, gerados pela certeza de estar incluído na ambiência social de modo valorizado e respeitado, implica o *status* em que a satisfação das necessidades se encontra garantido através de um conjunto de processos e procedimentos, de políticas afirmativas de medidas de precaução que asseguram uma relativa paz social.

equilibrado, constitui-se como essencial[176] à existência da vida como a conhecemos. Sua garantia, inclusive, a ultrapassa, para assegurar à vida vindoura. Já concebemos, *retro*, o "ambiente" como um "lugar de encontro", esta concepção leva consigo o etimológico mesmo do substantivo/adjetivo: ambiente. Como ensina Ávila Coimbra, ambiente está composto por duas propostas latinas *amb(o)*, que induz a idéia de "andar à volta", ao redor, e o verbo *ire*, ir, donde *amb + ire = ambire*, vale dizer, *ambiente é tudo o que vai à volta*, o que rodeia determinado ponto ou ser.[177] Este "andar à volta", este lugar de encontro (substantivo), mesmo, do *encontro* (verbo flexionado) com o *outro* e os demais seres bióticos e abióticos, exige permanência e manutenção (ação de manter, ou de segurar com a mão), reclama a efetividade do princípio de proibição da retrogradação socioambiental. Por isso, pode-se entender o princípio e seu objeto, a vedação da degradação ambiental, como informador, também, de uma ecocidadania responsável, como uma razão mesológica que viabiliza a existência de um mínimo ecológico.[178] Assim, é dever do Estado, e dever de cada um dos cidadãos, um comportamento pautado por uma postura ecologicamente responsável. Esta revelação implica a proteção especial que os pretórios de todos os povos vêm respeitando sistematicamente;[179] bem como, têm estimu-

---

[176] Relativamente ao ser humano, matizemos: o "essencial" é o núcleo duro que confere a um ser uma identidade, isto é, um caráter distintivo. Refuta a aparência, pois supera os devaneios do inatingível, e firma a natureza do indivíduo concreto que observa a sua realidade existencial, não como obra do pensamento abstrato, sim de suas ações particulares comprometidas com o meio onde coexiste com outros seres.

[177] Cf. ÁVILA COIMBRA, J. de, *O outro lado do meio ambiente*. 2ª ed. Campinas: Millenium Editora, 2002, p. 25, nota 9. "Esta compreensão de totalidade no conceito de Meio Ambiente aparece bem clara numa única palavra apropriada pela língua francesa. Trata-se de *Environnement*, significando Meio Ambiente, que foi também transposta para a língua inglesa como *Environment*. É exatamente a mesma etimologia latina do "ir à volta", com as ligeiras mutações gráficas e fonéticas incorporadas ao longo do tempo. Temos: Amb+ire=ambire (ir à volta) = Ambiente; Env+iron = os arredores = *Environnement*. O alemão tem outra raiz etimológica, mas conserva a semântica da expressão: Um+Welt (à volta+mundo) = *Umwwelt*."

[178] Quando o naturalista alemão Ernst Haeckel cunhou a expressão ecologia em 1867, dificilmente imaginaria a extraordinária difusão que a palavra iria gozar nos últimos anos (Cf. RAMOS ULGARM. A., *El análisis ecologico de datos: cuando, como y para que, in, Derecho y Sociedad*, VV. AA. Valencia: Tirant lo Blanch, 1998, p. 257-272). O conceito de ecologia ou de meseologia pode ser concebido como o que resulta da relação do ser humano com a natureza e com os outros seres bióticos ou abióticos, está em oikos (οικος) e no logos (λογος), e está fixado na realidade, pois descobre-se nos ecossistemas que são interiores a todas as relações sociais.

[179] Cf. DERECHO AL AMBIENTE SANO / DERECHOS FUNDAMENTALES. Núcleo esencial: La ecología contiene un núcleo esencial, entendiendo por éste aquella parte que le es absolutamente necesaria para que los intereses jurídicamente protegidos y que le dan vida

lado a evitar o que já foi denominado de *falácia ecológica*,[180] isto é, a pretensão de explicar o comportamento dos sujeitos a partir de uma tensão entre informações (no caso relativas ao *ambiente*), entre variáveis colhidas *territorialmente*, e aquelas colhidas *individualmente*, contudo, atente-se que as variáveis ecológicas colhidas num espaço social determinado não implicam que estas guardem relação com aquelas colhidas diretamente do indivíduo.

6.2. Alcance primário do Princípio de proibição da retrogradação socioambiental

Os limites de nosso mundo nos dão os limites de nossa linguagem,[181] "a vida psíquica é nosso modo de vivenciar nosso espaço relacional como seres humanos, e esse nosso vivenciar ocorre por nosso conversar sobre nosso viver no conversar".[182] O simbólico daí resultante é inderrogável.[183] Ao falarmos do princípio de proibição da retrogradação, como já referido, queremos afirmar uma proposição empírica, que através de uma eleição valiosa de nossa existência e de

---

resulten reales y efectivamente tutelados. Se rebasa o se desconoce el comtenido esencial cuando el derecho queda sometido a limitaciones que lo hacen impracticable, lo dificultan más allá de lo razonable o lo despojan de la necesaria protección. Los derechos al trabajo, a la propiedad privada y a la libertad de empresa, gozan de especial protección, siempre que exista un estricto respeto de la función ecológica, esto es, el deber de velar por el derecho constitucional fundamental al ambiente. (REF: Sentencia No. T-411; Expediente nº T-785, La Sala Cuarta de Revisión de la Corte Constitucional; Santafé de Bogotá, D.C., 17/06/1992).

[180] ROBSINSON, W., *Ecological Correlations and the Behavior of Individuals*. American Sociological Review 15, p. 351-357, *apud*, Ramos Ulgar, *El análisis...*, p. 265.

[181] Aqui seguimos a lição do primeiro Wittgenstein (*Tratado Lógico-filosófico*, Lisboa: Fundação Calouste Gulbenkian, 1987), sem deixar de levar em consideração a afirmativa do segundo, em sua observação: *o significado das palavras não depende do fato a que elas se referem, mas de como elas são utilizadas* (*Investigações filosóficas*, Lisboa: Fundação Calouste Gulbenkian, 1987).

[182] Cf. Maturana, *A ontologia...*, p. 115.

[183] A propósito afirma Lorite leciona: "La especie homo inaugura, en el proceso de la vida, una etapa que se puede caracterizar a través de un rasgo dominante: la creación de un espacio simbólico. Los símbolos, concretados instrumentalmente (ya sea al nivel de objetos, de lenguaje, de normas, creencias, etc.) revisten un carácter mediador y mediatizador entre el hombre y las cosas. En ese espacio se inscribe una dinámica de transformación consciente del contorno vital. Se trata de un cambio cualitativo en la lógica de lo vivo, en cuanto aparición de un nivel de procesamiento del conocimiento en el cual está incluido reflexivamente el individuo que lo practica" (Lorite, M. J., *El Animal Paradójico, Fundamentos de Antropología Filosófica*. Barcelona: Antropos, 1982, p. 34).

uma avaliação intergeracional, não permite ou impede que se retroceda à condições ambientais prévias aquelas que desfrutamos na atualidade. No entanto, esta proposição está conformada numa linguagem conotativa que expressa uma realidade formada por palavras, por regras de linguagem que delimitam um campo de domínio, de poder. E, neste caso, temos de cuidar para não utilizá-las como "arma ideológica"; pois, tudo está conectado pela linguagem, e as interações que ocorrem não ocorrem por acaso, mas porque as mínimas unidades significativas de nossa linguagem estão impregnadas de conteúdo comunicativo, que exercem o papel de ligação entre a realidade e o expressivo.[184] Assim, é muito apropriado dizer que o uso da linguagem está comprometido com a existência dos objetos para os quais há palavras em sua metalinguagem.[185]

O *princípio de proibição da retrogradação socioambiental* é o sintagma proposicional[186] de todos os demais princípios do direito ambiental. Portanto, as palavras empregadas para caracterizá-lo não devem conformar atos de poder, mas sim atos de *cooperação* e *solidariedade* do ser humano no "lugar de encontro" em que está inserido. Convertido em palavras, o princípio de proibição da retrogradação se revela como *extensão perceptual* (vale dizer, relaciona-se com a experiência sensorial imediata) do objeto que conota; contudo, observe-se que, como palavras: o *princípio de proibição da retrogração socioambiental*, não expressa um sentido estrito (sobre o objeto delimitado), *nós* é que o expressamos por via de nossa *conduta*, valendo afirmar ainda, que é só através da *conduta* que interpretamos. Por isso é que denominamos linguagem como ação (ação comprometida). Aí assume importância a *dignidade do humano* que é mais restrita que a noção de dignidade da pessoa humana. Tal é assim, pois mesmo a pessoa (*persona*) que age ou labora de modo intencional no prejuízo do outro neste "lugar de encontro", não perde sua dignidade íntima de "pessoa",

---

[184] Desde representações simbólicas bem delineadas.

[185] As palavras que indicam o objeto de que se fala – referentes ao objeto – são denominadas, "termos de referência". Objeto, do latim, *objectum*, é tudo o que pode ser materia de conhecimento ou sensibilidade de parte do sujeito, inclusive este mesmo, é, ainda, qualquer coisa de que se fala, originalmente é pôr adiante de ... As palavras para atribuir características próprias ao objeto, são denominadas de predicados.

[186] Sintagma aqui é utilizado no sentido de alinhamento, vale dizer coisa alinhada com outra coisa; proposicional, também utilizado no sentido latino de pôr diante, ou expor à vista, vale dizer, apresentar, propor, oferecer; ou anunciar, declarar; referir, relatar, contar, narrar; ainda, fixar, marcar, determinar.

apenas faz mais presente sua "máscara" que seu "rosto". Com a dignidade do humano, as coisas são diferentes. A dignidade do humano é deontológica, revela-se na capacidade de assumir deveres, comprometer-se com o conveniente, com o necessário. Está bem delineada no Art. 29, 1 e 2, da Declaração de 1948:

> Toda pessoa tem deveres para com a comunidade posto que só nela pode alcançar o livre e pleno desenvolvimento de sua personalidade. No exercício de seus direitos e liberdades, toda pessoa estará sujeita apenas às limitações determinadas pela lei, exclusivamente com o fim de assegurar o devido reconhecimento e respeito dos direitos e liberdades de outrem e de satisfazer às justas exigências da moral, da ordem pública e do bem-estar de uma sociedade democrática.

Concretizar os deveres para a comunidade, para o *outro* neste "lugar de encontro", é o que torna possível o desenvolvimento do ser humano e sua permanência num ambiente saudável. Afirme-se pois, que o ser humano não pode ser perspectivado tão-só desde sua individualidade, e que sua atuação na sociedade, no Estado, diga respeito tão-só a sua constelação patrimonial e moral, sem levar em consideração as conseqüências de sua atuação no espectro comunitário (dever jurídico para com a comunidade, para a comunidade reunida em um "lugar de encontro" local e global)[187] – aí está desenhado o alcance primário do princípio de proibição da retrogradação socioambiental e de seu objeto a vedação da degradação ambiental.

6.3. Mínimo existencial ecológico, proibição da retrogradação e Estado Socioambiental e Democrático de Direito – numa perspectiva iusculturalista.

Concebemos, neste ensaio, o sistema jurídico,[188] como um subsistema do "sistema social" – note-se que o direito como produto

---

[187] O direito humano ao meio ambiente sadio é expressamente reconhecido pela Carta Africana de Direitos Humanos e dos Povos (arts. 21 e 24). O art. 24 do instrumento africano declara que "todos os povos devem ter o direito a um meio ambiente satisfatório e favorável ao seu desenvolvimento"; como os deveres básicos para com o ambiente correspondem aos limites dos direitos humanos, a Carta Africana, mais adiante vai esclarecer no seu artigo 27.2 – Os direitos e deveres de cada pessoa se exercem em respeito ao direito do outro, da seguridade coletiva, da moral e do interesse comum internacional.

[188] CANARIS, C-W., *Pensamento Sistemático e Conceito de Sistema na Ciência do Direito.* Lisboa: Fundação Calouste Gulbenkian, 2002, p. 23 – referindo-se ao conceito de sistema,

cultural e instrumentalmente, dirige-se à adaptação e corrigenda das relações inter-humanas que se dão num espaço e tempo social definidos. Qualquer que seja a perspectiva doutrinária, estará sempre composto por normas. Assim, a perspectiva jurídico-dogmática *forte* o entende como uma totalidade lógico-formal de normas com o objetivo de: i) sistematização; ii) completude; iii) universalidade; iv) unidade; e, v) coerência. A perspectiva culturalista, a que nos perfilamos, o entende desde *topoi* interativos, estruturado através de sistemas comunicativos que se conformam numa alopoiese sempre reticular e plural, está dominado por símbolos normativos hipertextuais, com função predominantemente persuasiva. Portanto, tem como finalidade: a) a adaptação das relações sociais no espaço do jurídico; b) a juridificação do poder político; c) a legitimação do poder social; d) o controle social; e) a regulação e, por derivação, a emancipação social. Implica, como conseqüência, um sistema de normas (princípios e regras) que constrói um sistema de expectativas de comportamentos, desde um emblemático discurso sempre heterotópico. Uma perspectiva assim firma a certeza de legitimidade da autoridade de que provém, e do caráter de obrigatoriedade de suas normas, e da legalidade das sanções concretizadas pelas autoridades encarregadas de sua aplicação; ademais, afirma a crença na busca da justiça, da moralidade e da paz. Um direito assim está positivado num *"contrato político"* dos incluídos – uma "Constituição" – onde se identifica o *corpo formal* do Estado, estruturado através da distribuição dos poderes, adensado no projeto político dos grupos sociais dominantes, que reafirma a legitimidade do direito, estabelece e garante os direitos fundamentais, e obriga-se a construir um processo legislativo regular. A centralidade, de um sistema assim desenhado, encontra-se na afirmação e garantia dos direitos do homem e da mulher, política e juridicamente considerados, e fundamentalmente positivados. Um *"contrato político"* deste jaez obtempera a ideologia dos grupos dominantes, busca o alargamento de seu corpo social pela inclusão dos marginados – num processo crescente de democratização das decisões, sendo que sua Constituição – nas palavras da Profa. Cármem Lúcia Antunes Rocha – adquire:

> [...] alma de Direito e forma de Lei, formulando-se como seu coração – órgão dominante e diretor de suas ações – os direitos fundamentais do homem. Direitos

---

pontificava: "[o] papel do conceito de sistema é (...) o de traduzir e realizar (...) a adequação valorativa e a unidade interior da ordem jurídica".

fundamentais em duplo sentido jurídico: de um lado, são eles essenciais aos homens em sua vivência com os outros, fundando-se neles, em seu respeito e acatamento, as relações de uns com os outros homens e com o próprio Estado; de outro lado, eles fornecem os fundamentos da organização estatal, dando as bases sobre as quais as ações da entidade estatal se desenvolvem, em cujos limites se legitimam (determinantes de limites negativos) e para a concretização dos quais se determinam comportamentos positivos do Estado (determinantes positivos).[189]

No caso brasileiro, matizado pela Carta de 1988, sem dúvida podemos caracterizá-lo como um Estado Socioambiental e Democrático de Direito, por força expressiva da complexidade normativa esculpida no seu art. 225. Ali se supera, como já afirmamos, a dicotomia público/privado – onde todos se obrigam em manter o equilíbrio e a salubridade deste "lugar de encontro"[190] que é o ambiente (seja ele *natural* ou *cultural*), e a todos, Estado e cidadãos e cidadãs, são cometidos direitos e deveres, pretensões e obrigações presentes e futuras (solidariedade intergeracional) inderrogáveis, já que o direito ao ambiente sadio é essencial à vida, e como direito fundamental, está ao abrigo do art. 60, § 4º, IV.

A garantia de um "mínimo existencial ecológico" e o mandamento da "vedação da degradação ambiental", núcleo e objeto do *princípio de proibição da retrogradação socioambiental*, constituem, entre outras, condições estruturantes de um Estado Socioambiental e Democrático de Direito, pois um Estado Socioambiental somente pode ser pensado num "lugar de encontro" onde os cidadãos e cidadãs possam minimamente conviver e desenvolver-se em condições de segurança, liberdade e igualdade substanciais, conformadoras da dignidade que lhes é atribuída, (con)viver exige pois, uma ambiência saudável, sustentadora e sustentada, o que pode ser alcançado com a promoção, conservação, manutenção e conseqüente vedação da degradação deste "lugar de encontro".

---

[189] ROCHA, C. L. A. *O constitucionalismo contemporâneo e a instrumentalização para a eficácia dos direitos fundamentais.* Disponível em, www.cjf.gov.br/revista/numero3, acessado em 12/12/2005.

[190] Reafirme-se, onde se dão a totalidade das relações, vale dizer um espaço físico apropriado para o exercício das ações socioambientais, promovendo um conjunto complexo de condições sociais, morais, naturais e culturais que cercam os seres vivos e neles podem influir decisivamente.

6.4. Estado Socioambiental e Democrático de Direito e garantia do mínimo existencial ecológico e do princípio de proibição de retrogradação socioambiental – integração de princípios

Num Estado Socioambiental e Democrático de Direito, o princípio nuclear tem sede no direito fundamental à vida[191] e a manutenção das bases que a sustentam,[192] o que só se pode dar num ambiente equilibrado e saudável, onde vai concretizar-se, em sua plenitude, a dignidade humana; ademais, um tipo de Estado com esta característica está comprometido com o privilegiar a existência de um "mínimo ecológico", pois tem a obrigação de proteção à posteridade.[193] Já afirmamos que o princípio da dignidade da pessoa humana ao lado do princípio da segurança jurídica, incrustados numa relação *posição/disposição*,[194] escâncara um compromisso antrópico para a existência digna do ser humano – este compromisso está, com forte acento, no atribuir eficácia ao normativo consagrador do mínimo existencial ecológico e ao princípio de proibição da retrogradação – pois é desde este mínimo, garantida a vedação da degradação, que o "tempo vivido" transmuta-se em *humanização*.

Um Estado Socioambiental e Democrático de Direito decorre do princípio de unidade de sua Constituição, que alberga um *Estado-Ambiental*, fundado numa tríade principial[195] (*Prinzipientrias*), ou se preferido, um conjunto triásico de princípios: princípio da precaução (*Vorsorgeprinzip*); princípio [de responsabilidade] causal

---

[191] Vale a pena ouvir Javier de Lucas, quando afirma: "A autêntica vida humana, é autonomia, autoconstução como experiência moral concebida em linha com a visão socrática de maiêutica e com a paideia, mais inclusive com a noção de autonomia de Kant e da Ilustração. Isso faz o ser humano imprevisível, único capaz de um pensamento não dogmático, sim problemático e, sobretudo, porque é capaz de seguir o sentimento de empatia, ainda mais, de piedade, mais além do cálculo, da razão, da solidariedade ditada pelo proximidade" (LUCAS, J., *Blade Runner...*, p. 35.

[192] Cf., nota de pé de página n. 134 *retro*.

[193] Como afirma Kloepfer no já referido, Auf dem Weg zum Umweltstaat? Die Umgestaltung des politischen und wirtschaftlichen Systems der Bundesrepublik Deutschland durch den Umweltschutz insbesondere aus rechtswissenschaftlicher Sicht; ou, em tradução livre: "A caminho do Estado-Ambiente? A transformação do sistema político e econômico da República Federal de Alemanha através da proteção ambiental especialmente desde a perspectiva esclarecedora da ciência jurídica".

[194] Cf., título 4 *retro*.

[195] Neologismo, adjetivação do substantivo "princípio" com o sufixo "-al", idicando um coletivo de princípios.

(*Verursacherprinzip*);[196] princípio de cooperação (*Kooperationsprinzip*).[197] Mais recentemente, leciona Kloepfer, adjunta-se ao triásico, o princípio de integração (*Integrationsprinzip*),[198] podendo-se inferir então, a existência de tretaprincípios de justificação, que se integram holodimensionalmente com a garantia de um mínimo existencial ecológico e com o princípio da proibição da retrogradação socioambiental.

Um Estado Socioambiental, na proteção do mínimo existencial, tem um forte compromisso com o princípio da precaução que acolhe a máxima *in dubio pro ambiente,*[199] sendo um dos mais importantes princípios de proteção ambiental. Aproxima-se e inclui o princípio da cautela (*Vorsichtsprinzip*) como atuação preventiva frente a potenciais riscos de contaminação do meio ambiente.[200] Sua origem está no direito alemão dos anos setenta; amadureceu no encontro das Nações Unidas em Estocolmo em 1972,[201] e no Brasil foi introduzido pela Lei 6.938/81; tendo sido acolhido na Constituição de 1988 no inciso IV do artigo 225; sendo objeto de tipificação penal pela Lei dos Crimes Ambientais (Lei 9.605/98) no seu artigo 54, § 3º.[202] Impende notar que toda a abordagem com assento no princípio da precaução (*Vorsorgeprinzip*) deve perspectivar o princípio da cautela (*Vorsichtsprinzip*) frente ao perigo de determinados eventos que podem gerar danos consideráveis ou mesmo irreversíveis ao ambiente (*in dubio pro securitate*), especialmente frente às incertezas das metodologias

---

[196] Subsistema de responsabilidade de suportar um dever ambiental.

[197] Cf. KLOEPFER, M., *Umweltrecht*, p. 168 e s, principalmente 173, 185, 189 e s., especialmente 193 (*Umweltpolitiche Funktion*); 198 e s.; também, *Grundprinzipien und Instrumente des europäischen und deutschen Umweltrechts*, p. 4 e s. 6, 8, 11 e s.; artigo fornecido pelo Prof. Dr. Ingo Wolfgang Sarlet que estamos traduzindo com a inestimável ajuda de nossa professora de alemão, Dra. Dra. Ingrid H. Rasenack, a quem mais uma vez agradecemos.

[198] *Umweltrecht...*, p. 204 e s.; *Grundprizipien...*, p. 13 e s.

[199] Cf. CANOTILHO, J. J. G., *Direito Público do Ambiente*. Coimbra: Faculdade de Direito de Coimbra, 1995, p. 40.

[200] Cf. KLOEPFER, M., *Umweltrechts*, p. 179.

[201] Onde obteve a seguinte definição: "O Princípio da Precaução é a garantia contra os riscos potenciais que, de acordo com o estado atual do conhecimento, não podem ser ainda identificados. Este Princípio afirma que a ausência da certeza científica formal, a existência de um risco de um dano sério ou irreversível requer a implementação de medidas que possam prever este dano."

[202] Como norma de sobredireito, diz o Princípio 15 da Declaração do Rio/92: "De modo a proteger o meio ambiente, o princípio da precaução deve ser amplamente observado pelos Estados, de acordo com suas capacidades. Quando houver ameaça de danos sérios ou irreversíveis, a ausência de absoluta certeza científica não deve ser utilizada como razão para postergar medidas eficazes e economicamente viáveis para prevenir a degradação ambiental".

DIREITO AMBIENTAL – PROIBIÇÃO DE RETROCESSO

científicas.[203] Ao lado e derivado, está o princípio [da responsabilidade] causal (*Verursacherprinzip*), ou princípio da responsabilização pela causa do dano, de certa forma é uma conseqüência do princípio da precaução e da prevenção, tendo em vista que de pouca valia seriam as ações acautelatórias, se aos eventuais provocadores de riscos ou danos ao ambiente, não se imputassem os deveres de responder por esses mesmo riscos ou danos. Este princípio está intimamente vinculado, numa dimensão econômica, ao princípio do poluidor-pagador (Princípio 16, Declaração Rio/92), vale dizer, o princípio que implica a imposição de custos ambientais ao provocador dos danos ambientais.[204]

---

[203] Aqui uma distinção se impõe: (a) princípio da precaução e (b) princípio da prevenção; em (a) o núclo duro está num risco potencial, já em (b) o que se objetiva é obstaculizar um risco conhecido através de uma "medida preventiva" (*Verhütungsmassnahme*). Ambos princípios (precaução/prevenção), a toda evidência, são corolários dos princípios de proteção do mínimo existencial ecológico e da vedação da retrogração, pois eles representam uma garantia na manutenção do *status quo* ambiental.

[204] A qui é importante registrar que o princípio do poluidor-pagador, apêndiciado a responsabilidade causal, objetiva à internalização dos custos externos da degradação ambiental, por isso tem uma racionalidade econômica embutida muito importante em política ambiental, pois persegue a internalização das externalidades negativas provocadas pelos processos de poluição ambiental. A propósito, objetivando a correção dessas externalidades, surgiram teorias de economia ambiental (Cf. KLOEPFER, M., *Umweltrecht*, p. 191 e s.), Em 1960, Ronald Coase apresenta uma proposta analítica ao tratar do postulado keynesiano no sentido que as externalidades deveriam ser internalizadas pela intervenção do Estado, através da imposição tributário-fiscal aos agentes causantes, e beneficiários de dita externalidade; Coase acreditava que a solução das externalidades *não* devia se dar pela intervenção do Estado no mercado, ao contrário, deveria provir da *radicalização de soluções exclusivamente mercantis*. Sua proposta acabou cunhada por Stigler (STIGLER, G. J. *La Teoría de los Precios*. 3ª ed., Madrid: Editorial Revista de Derecho Privado, 1968, p. 136): Note-se que Stigler não levou em consideração que Coase sempre teve em conta uma perspectiva mais rica e abrangente da realidade institucional, pois segundo Coase o mais relevante é a comparação dos *acordos* institucionais, no mais das vezes, alternativos e imperfeitos. É por isso que vai dizer: "O custo de exercer um direito [vale dizer, de utilizar um fator de produção] é sempre a perda que se produz na outra parte como conseqüência do exercício deste direito, impossibilidade de cruzar um terreno, de estacionar o automóvel, de usufruir de uma paisagem, de respirar ar puro, de ter paz ou tranqüilidade (COASE, R. H. *La empresa, el mercado y la ley*. Madrid: Alianza, 1994, p. 163), de *teorema de Coase* que pode ser formulado do seguinte modo: "EM UM MERCADO EQUILIBRADO, ONDE EXISTAM CONDIÇÕES DE COMPETÊNCIA PERFEITA, E NA AUSÊNCIA DE CUSTOS DE TRANSAÇÕES, AS PARTES ENCONTRARÃO UMA SOLUÇÃO EFICIENTE". A dedução conseqüente no Direito está centrada em garantir que funcione um modelo de *competência perfeita*, isto é, deve reduzir a existência de falhas no mercado, como as *externalidades* [Coase não fala em "externalidades", ele denomina *"efeitos externos"*. O conceito de externalidade ou *efeito externo*, revela-se como o benefício ou prejuízo atribuído a um agente econômico (seja consumidor ou empresa) como conseqüência do ato de produção ou consumo de outro. Assim o atingido da externalidade pode ser um consumidor ou um produtor e o causador da mesma também, pelo que podemos ter quatro tipos de externalidades: (a) de produtor a consumidor; (b) de produtor a produtor; (c) de consumidor a produtor; (d) de consumidor a consumidor. Em (a) figure-se o exemplo da poluição do

ar causada por uma industria, a um grupo de cidadãos num espaço físico delimitado, prejudicando-lhes a saúde; em (b) imagine-se que a que a mesma indústria contamina também o ribeirão daquele espaço físico, prejudicando uma outra industria que utiliza aquele recurso hídrico; em (c) observe-se a volubilidade dos consumidores (via de regra influenciados pelos meios de comunicação) que obrigam a industria a alterar seus meios de produção frente a novas exigências desses; em (d) o exemplo clássico é do fumante que, desrespeitando a regra proibitiva, passa a fumar em local público, prejudicando a saúde dos demais. Esses *efeitos externos* podem ser benéficos, externalidades positivas, ou danosos, caso em que se denominam de externalidades negativas, as mais habituais neste âmbito], os monopólios e garantir as condições de liberdade e segurança; vale dizer: *reduzir os custos de transação*. Quando não é possível reduzir os custos de transação, e esses tornam-se tão altos que dificultam uma solução de mercado, cabe ao Direito prover uma solução, contudo, esta deve estar fundada numa lógica que reproduza, o mais aproximadamente possível, o que fariam dois sujeitos negociando livremente. Atente-se que como qualquer teorema, algumas premissas devem ser observadas, são elas: (a) ausência de custos de transação; (b) direitos de propriedade bem definidos (muitos autores criticam a necessidade de individualizar um *direito*); (c) pequeno número de sujeitos. Atendidas essas, o resultado indicará que sempre se alcança o *ótimo* (paretiano) independentemente de qual sujeito seja o titular dos direitos de propriedade. Coase, de um lado, postulava que se devia entender, externalidades (*efeitos externos*) como um problema de *responsabilidade unidirecional* – já que relativos a uma recíproca questão entre os atores –, dos impactos e custos relacionados; de outro, propugnava que a eliminação dos custos de transação – própria da intervenção estatal – se desse entre os sujeitos envolvidos mediante um acordo negociado entre eles, objetivando a máxima rentabilidade possível. Ocorre que, Coase, pensava que um acordo negociado *no mercado* pelas partes envolvidas, em igualdade de condições e sem custos institucionais, vale dizer, tributos de qualquer espécie, tem como conseqüência um incremento da eficiência, resultando em maior rentabilidade total. Para tanto, acreditava ser necessário que o sistema legal atribuísse claramente os *direitos de propriedade* (atente-se que se deve traduzir o inglês *property rights* em um contexto amplo, com o significado mais abrangente que simplesmente *direitos de propriedade*, isto é, *direitos de apropriação*, no sentido da *"pertença"* que se atribui; o exemplo clássico, de que falam os autores, está no sentido que, quando uma empresa está autorizada a pôr seus dejetos em determinado lugar, *v.g.*, um rio, não é a mesma proprietária do rio, contudo, tem um *"direito de apropriação"*, sobre aquele espaço para dispor seus dejetos) de forma tal que, todo o titular que possa afetar ou ser afetado pelas atividades econômicas, seja efetivamente um *proprietário* claramente definido. Só deste modo, o *sistema de preços do mercado* tem condições de indicar com precisão e *eficientemente* quem são os agentes e quais são os interesse (custos e benefícios) que devem ser estimados. Contudo, o que Coase propunha, é que todos os *efeitos externos* podem ser internalizados eficientemente e otimamente para o produto líquido total, através do estabelecimento de direitos de propriedade (*direitos de apropriação*) e a negociação dos atores, neste cenário do mercado – via um sistema de preços – em competência equilibrada, perfeita e sem custos de transação. O mais importante é sabermos que Coase estava consciente de que toda a atribuição de direitos é essencial para a eficiência dos *sistemas econômicos* sempre que os custos de transação são elevados, e por isso mesmo, não titubeava em afirmar e apoiar as *reordenações judiciais* desses, de modo a permitir uma melhora no valor global da produção. Uma crítica simplificada que se pode fazer, está em que devemos entender que a simples substituição de um modelo de *causalidade* por um de *reciprocidade*, *per se* revela-se insubsistente, pois quando dita substituição é realizada, na verdade o que se faz é alterar a causa *eficiente* para uma *teleológica*. Note-se, que não se encontram nos direitos e nas liberdades, a causa determinante da natureza da responsabilidade, mas, nos resultados finais de um objetivo teleológico, último, no dizer de Coase, "a maximização da produção". O que se vê, então, é a comutação da responsabilidade pela finalidade, ou por outra, a causalidade pela *teleologia produtivista*. O valor "maximização da produção" é um valor heterônimo ao valor ético, e podemos dizer, imanente à lógica da produção, pois "maximizar" por "maximizar" se converte num *performativo* que induz a conclusão que afirma: *a legitimação da ação se concretiza na efetividade da ação mesma*. Ora, isto nos leva a concluir que deverá prevalecer toda a ação (que não é senão um direito de propriedade em exercício) ou a articulação de ações (negociação) que induza como resultado um tautológico "melhor resultado", desde o critério da maximização. A conseqüência mais imediata, é que esta *causalidade teleológica* reduz todo o direito ao direito de propriedade, de outra parte, reduz toda a liberdade à liberdade de mercado (quando Coase exemplifica com o caso que, frente a um fábrica poluente, os vizinhos se mudem de lugar, deixando seus terrenos para a fábrica, tendo em conta os custos mais baratos, para a fábrica, na transladação e alocação desses vizinhos para outro espaço urbano, do que o de mover a fábrica, está empregando um *princípio de causalidade teleológica produtivista* com fundamento numa *ética performativa*. O que Coase não leva em consideração são os *motivos* dos vizinhos, valores que sua tese despreza como: *significações valorativas culturais*, étnicas, urbanísticas, afetos, etc... O argumento de que esses *motivos* se podem traduzir em expressão monetária não convence. Por óbvio, se convertidos eles vão formar parte dos fatores de produção final; mas, indaga-se: *se pode expressar tudo através de um preço?*). O que Coase refuta é a tese pigouniana, muito cara aos economistas do bem-estar, entre a tensão dialética: *custos privados* e *custos sociais*. São estes últimos, segundo Pigou, os que justificam a intervenção reguladora do Estado no mercado. Finalmente, uma crítica importante está em que, para que efetivamente tenha resultado a negociação entre os atores, é necessário que o procedimento da negociação entre eles não tenha custos associados. Portanto, o sistema só implica aplicabilidade quando o número de atores (agentes) envolvidos no cenários negocial é reduzido, e na medida direta da nulidade ou residualidade dos custos de transação. Assim, toda teoria econômica em direito ambiental precisa ser lida com cautela, pois o princípio de responsabilidade causal de que deriva o princípio do poluidor-pagador, representa como diz Ramón Martin Mateo, um sólido fundamento para a política e o direito ambiental e sua concretização está na eliminação das motivações econômicas da contaminação ambiental, desde uma perspectiva de uma ética distributiva (MARTIN MATEO, R., *Manual de derecho ambiental*. Madrid: Trivium, 1995, p. 55). Especialmente porque como nos ensina Kloepfer, o princípio [da responsabilidade] causal (*Verursacherprinzip*) deve ser entendido como princípio de responsabilidade (*Verantwortungsprinzip*) efetiva (Cf. KLOEPFER, *Grundprinzipien...*, p. 9).

Estes princípios, certamente, são importantíssimos para a concreição do mínimo existencial ecológico e a vedação da degradação ambiental, pois desde a efetiva responsabilização se aproxima uma justiça ambiental das condições fáticas que reclamam, nos planos político e jurídico, correção de injustiças sociais – resultante de encargos para a sociedade – não incluídos nas decisões de produção ou de consumo por parte dos agentes contaminantes.[205]

Relativamente ao princípio de cooperação (*Kooperationsprinzip*), e ao princípio de integração (*Integrationsprinzip*), ambos, por óbvio, estão em consonância com a manutenção de um mínimo existencial ecológico e com a vedação da degradação ambiental. O princípio de cooperação está conformado por dois imperativos: a responsabilidade e a distribuição dos deveres entre o Estado e a sociedade, entendidos estes como uma comunhão perceptiva dos encargos que a conservação e manutenção do ambiente exigem;[206] está, também, suportado pelo princípio da participação democrática que envolve a todos, pois *forte* na idéia que os graves problemas ambientais têm de que ser enfrentados entre o Estado e a sociedade conjuntamente, através dos diversos grupos e atores sociais, garantido-lhes não apenas a participação nas decisões, mas, também e especialmente, a possibilidade de formular e executar políticas ambientais (matriz do socioambientalismo). O princípio da cooperação – fundado na participação todos aqueles relacionados no "lugar de encontro" – exige para a sua concretização do consenso dos diversos Estados e organizações internacionais, pois a ambiência dos seres e das coisas não obedece a fronteiras normativas, espaciais ou temporais.[207] [208] De outra parte, o princípio de integração (*Integrationsprinzip*) revela-se numa matriz de equilíbrio entre meios adequados de políticas de crescimento econômico e social e diretrizes *iusambientais* para a conservação do ambiente, com o objetivo de desenvolvimento integrado, coerente e sustentável. Deste princípio, numa perspectiva holística, são constituídos critérios de decisão que

---

[205] Cf. CANOTILHO, J. J. G., *Direito público...*, p. 43.

[206] Cf. KLOEPFER, M., *Umweltrecht*, p. 198 e s.

[207] A respeito, observe-se que o art. 174º, nº 4, do Tratado CE, dispõe que, no domínio do meio ambiente, a Comunidade e os Estados-Membros cooperarão, no âmbito das respectivas atribuições, com os países terceiros e as organizações internacionais competentes.

[208] No direito interno brasileiro, vale lembrar a Lei 9.985, de 2000 que que regulamenta o artigo 225, § 1º, incisos I, II, III E VII, da Constituição de 1988, e institui o sistema nacional de unidade de conservação da natureza (SNUC, que está formado pelo conjunto das unidades de conservação federais, estaduais e municipais).

não podem ser de ordem estritamente econômica, bem como não podem ser de ordem exclusivamente ambientalista, apostando pela integração das diversas políticas com o objetivo de uma justa composição dos vários interesses envolvidos na questão ambiental (exigência socioambientalista). Este princípio enfoca a proteção ambiental como um todo, não se impondo cortes entre contaminação das águas, solos ou emissões poluentes na atmosfera; de outro modo, esta integração incorpora duas dimensões, uma externa, conformada na jurisdição internacional, e outra interna, relativa ao limite da juridição nacional;[209] no plano interno, dele decorre o princípio de unidade de gestão e ação, pois a responsabilidade pela política ambiental e sistematização ambiental do território fica integradamente distribuída ente os agentes públicos e privados encarregados do planejamento econômico e social integrados na política ambiental. O princípio da integração rompe a dicotomia público/privado (condição de constituição do socioambientalismo), reafirma a dignidade da pessoa humana, pois implica aos indivíduos maior intervenção nas decisões do Estado, especialmente àquelas relacionadas com a qualidade de vida, minimizando as injustiças e intentando promover uma substancial igualdade no seio da sociedade.

6.5. Efetivação da proteção do mínimo existencial ecológico e da vedação da degradação

O princípio de conservação ou manutenção do *status quo* (*Prinzip der Status-quo-Erhaltung*) como, também, o princípio de proteção da continuidade ou da existência (*Bestandsschutzprinzip*), ou ainda, o princípio de proibição da deterioração (*Verschlechterungsverbot*)[210] são expressões do princípio que denominamos de *proibição da retrogradação*. Todas estas expressões dirigem-se no sentido da vedação da degradação (ou de "*evolução reacionária*", no dizer de Canotilho)[211]

---

[209] Cf. KLOEPFER, M., *Grundprinzipien...*, p. 13-14; *Umweltrecht*, p. 204 e s.

[210] Idem., p. 3; Idem, p. 169.

[211] José Joaquim Gomes Canotilho assim formula uma concepção do princípio de proibição do retrocesso: "[...] o núcleo essencial dos direitos sociais já realizado e efectivado através de medidas legislativas (...) deve considerar-se constitucionalmente garantido sendo inconstitucionais quaisquer medidas estaduais que, sem a criação de outros esquemas alternativos ou compensatórios, se traduzam na prática numa 'anulação', 'revogação' ou 'aniquilação' pura e simples

das condições ambientais conquistadas. Este princípio, qualquer que seja a expressão que adotemos, dirige-se à concretude das condições de um mínimo existencial ecológico, desde uma perspectiva de efetivação dos princípios da dignidade da pessoa humana e da segurança jurídica. Portanto, em sede de direitos fundamentais, a proibição da retrogradação (socioambiental) vincula o legislador infraconstitucional ao poder originário revelador da Constituição, não podendo a norma infraconstitucional retrogredir em matéria de direitos fundamentais declarados pelo poder constituinte. Contudo, como já afirmamos *retro*, este princípio não é absoluto, dirige-se a porção apenas do que se considera como "núcleo essencial" do direito fundamental, vale dizer, a "fronteira que o legislador não pode ultrapassar, delimitando o espaço que não pode ser invadido por uma lei sob o risco de ser declarada inconstitucional",[212] fronteira espacial que está demarcada e que não poderá ser violada em afronta a Constituição. Já em relação a fronteira temporal, Ingo Wolfgang Sarlet,[213] anotou que a proibição de determinadas alterações do texto constitucional objetiva o futuro, já que a Constituição projeta-se nele, num exercício proléptico inarredável. Logo, o redesenho destes limites, no que não ofenda o núcleo essencial desses direitos, impõem-se em defesa da própria Carta Magna. Esses limites dizem, também, com a eficácia (social e jurídica) das normas sobre o direito fundamental incorporado ao ambiente.[214] No magistério de José Afonso da Silva, desde a perspectiva da efetividade (eficácia) social, infere-se a certeza de "[...] uma efetiva conduta acorde com a prevista pela norma; [e,] refere-se ao fato de que a norma é realmente obedecida e aplicada"; citando Kelsen – continua o eminente constitucionalista entendendo que – a eficácia da norma está na conformação do "fato real de que ela é efetivamente aplicada e seguida, da circunstância de uma conduta humana conforme à norma se verificar na ordem

---

desse núcleo essencial. A liberdade de conformação do legislador e inerente auto-reversibilidade têm como limite o núcleo essencial já realizado" (CANOTILHO, J. J. G., *Direito Constitucional e Teoria da Constituição*. 2ª Ed. Coimbra: Almedina, 1.998, p. 320 e 321).

[212] D'ÁVILA LOPES, A. M., *Os Direitos Fundamentais como Limites ao Poder de Legislar.* Porto Alegre: Sergio Antonio Fabris, 2.001, p. 188.

[213] *A Eficácia dos Direitos Fundamentais*. 2ª ed. Porto Alegre: Livraria do Advogado, 2001, p.353; também cf., p. 371 da 3ª edição.

[214] Leciona Juarez Freitas no sentido que é dever do "intérprete constitucional [...] guardar vínculo com a excelência ou otimização da efetividade do discurso normativo da Carta, no que esta possui de eticamente superior e universalizável, conferindo-lhe, assim, a devida coerência interna – eficácia jurídica – e a não menos eficácia social" (FREITAS, J., *A interpretação sistemática do direito*. 4ª ed. São Paulo: Malheiros Editores, 2004, p. 223).

dos fatos"; colmando-se o objetivo juridicamente proposto, realizam-se os fins pretendidos pelo legislador, donde a eficácia jurídica reproduz – em diferentes graus – efeitos jurídicos sobre um modelo de estados, situações, relações e condutas, desde as funções de aplicabilidade, exigibilidade ou executoriedade da norma, como possibilidade de sua aplicação jurídica.[215]

O tratamento constitucional sobre direitos fundamentais, incluindo-se aí os ambientais, lhes dá aplicação imediata, como está inscrito no art. 5º, § 1º, da Carta de 1988, pois os mesmos estão, no dizer de Sarlet, "[...] protegidos não apenas contra o legislador ordinário, mas até mesmo contra a ação do poder constituinte reformador, já que integram [...] o rol das 'cláusulas pétreas' do art. 60, § 4º, inc. IV, da CF".[216] De outro modo, o tratamento constitucional sobre o desfrute de um ambiente equilibrado e salubre, como direito fundamental, está entre aqueles que mais "repercutem sobre a estrutura do Estado e da sociedade".[217] Importa recordar, neste passo, que a Carta de 1988 constituiu-se num sistema aberto, relativamente à materialidade dos direitos fundamentais (§ 2º do art. 5º), sendo os direito fundamentais ambientais acolhidos por fora do Título II da Carta de 1988 e, substancialmente, basta-lhe a "circunstância de terem, ou não, decisões fundamentais sobre a estrutura do Estado e da sociedade, de modo especial, porém, no que diz com a posição nesses ocupada pela pessoa humana"[218] – assertiva que ajusta-se a todo o discurso deste ensaio.

Impende ainda, na seara dos direitos fundamentais ambientais, especialmente pensando-se na proteção do mínimo existencial, sua "essencialidade", identificar que o princípio de proibição da retrogradação socioambiental, por ser uma norma implícita ao Estado Socioambiental e Democrático de Direito, não está submetido ao denominado princípio da reserva do possível, tampouco ao princípio da reserva parlamentar orçamentária. Com efeito, o princípio de proibição da retrogradação socioambiental inaugura o desvelar de outro

---

[215] Cf., SILVA J. A. da, *Aplicabilidade das normas constitucionais*. 3. ed., São Paulo: Malheiros, 1999, p. 65-66.

[216] SARLET, I. W., *Os direitos fundamentais sociais na Constituição* de 1988. Disponível em www.direitobancario.com.br/artigos/direitoconstitucional/01mar_151.htm; uma versão ampliada pode ser compulsada na Revista Diálogo Jurídico, Salvador, CAJ – Centro de Atualização Jurídica, v. 1, nº. 1, 200. Disponível na Internet, in, www.direitopublico.com.br

[217] SARLET, Ingo Wolfgang. *A eficácia dos direitos fundamentais*, Porto Alegre: Livraria do Advogado, 2001, p. 81; p. 83 da edição de 2003.

[218] SARLET, I. W., *A eficácia...*, p. 81, p. 83 da edição de 2003.

princípio, o da "reserva da reserva do possível",[219] isto é, não há possibilidade, sob pena de negar-se a qualidade do Estado-Socioambiental, alegar a carência de recursos materiais e humanos para concretizar a vedação da degradação ambiental. A eventual dependência de disponibilidade destes recursos deverá ser solvida por uma ordem de prioridade nas políticas econômico-financeiras do Estado. A relativização do princípio pode-se dar por outras circunstâncias, como já referimos nas páginas 95-97 deste ensaio, nunca por ordem financeira. De igual modo, o legislador está afetado e possui competência para estabelecer ou modelar uma ordem de prioridade para atender às necessidades ambientais, constitucionalmente, minimamente asseguradas. Sabemos que esta afirmação é forte e pode ser objeto de polêmica, mas é uma afirmação que está suportada na substancialidade do "contrato político" que elege como "foco central" o direito fundamental à vida e a manutenção das bases que a sustentam, o que só se pode dar no gozo de um ambiente equilibrado e saudável, onde vai concretizar-se, em sua plenitude, a dignidade humana; ademais, um tipo de Estado com esta característica, está comprometido com o privilegiar a existência de um "mínimo ecológico", pois tem a obrigação de proteção das gerações vindouras por óbvio, a afirmação que fizemos diz respeito à essencialidade prevista na norma, o que superar o "essencial",[220] v.g., o alargamento das condições ambientais para torná-las

---

[219] A propósito, vale a advertência de Juarez Freitas, no sentido que "Cumpre, sim, nutrir reservas à reserva do possível. Neste sentido, não é exagero cobrar, em relação à íntegra dos direitos fundamentais, o imediato reconhecimento do mínimo nuclear de realização, a afirmativa é válida igualmente para os direitos sociais" (FREITAS, J., *A interpretação...*, p. 211).

[220] Uma das mais tormentosas tarefas está em conceber o "essencial", ou desenhar as fronteiras da "essência" dos direitos fundamentais. Assim, como entender o "núcleo essencial" de um direito fundamental, como a vida ou o ambiente por exemplo? De modo simplista podemos dizer que essência revela o que uma coisa é. Na teoria da lógica dos predicados, ou forma de atribuição dos conceitos, costuma-se distinguir o que é comum (a essência) entre espécies (gênero) e a parte que é própria, privativa da espécie (diferença específica). Para os gregos, a "essência" era concebida como uma característica puramente lógica ou ontológica, vale dizer, essência é o que corresponde nas coisas a sua definição e o que lhes dá sua natureza própria. Contudo, um dos grandes problemas é que nunca poderemos estar seguros de poder apreender, nem de fato ou em princípio, a essência de alguma coisa, e menos ainda, de apreende-la íntegra e adequadamente. Como afirmava o Xavier Zubiri: "[...] El que lo real tenga esencia, es una imposición de la realidad profunda misma. Pero el que esta esencia tenga tal o cual contenido, esto, por verdadera que sea mi intelección profunda, será siempre cuestión abierta. Cada nota por ser real remite en su realidad física misma a otras, de suerte que la intelección racional de la esencia es constitutivamente abierta no sólo en cuanto mi intelección nunca termina, sino en cuanto lo inteligido mismo, esto es, cada nota, remite en principio a otra. Y jamás sabremos la amplitud de esta remisión". (Cf. ZUBIRI, X., *Inteligencia y Razón*. Madrid: Alianza.IRA, 1983, p.114). Ainda, segundo Aristóteles, a *essência* é o correlato real da *definição*. A essência, para o estagirita,

mais aprazíveis fica dependente de medidas fáticas e financeiras que vão se subordinar aos princípios que repudiamos, já com respeito às medidas normativas para esse "alargamento", aquelas que gerarem custos, receberam igual tratamento; assim, cremos estes os fundamentos suficientes para a afirmação que fizemos. O princípio de proibição da retrogradação socioambiental, como afirmamos, embora restrinja a "afetação" da liberdade parlamentar, praticada nos limites do "mínimo", remanescendo-lhe o excedente, no entanto, agora veda-lhe o poder de desconstituição, mesmo do excedente, desde que já consolidado.

Em sede de direitos fundamentais ambientais, relativamente a eficácia, opera-se uma tensão dialética bem definida entre a sua dimensão objetiva e subjetiva. O ensinamento de Vieira de Andrade vem a calhar quando afirma que os direitos fundamentais não podem e não devem ser perspectivados tão-só desde as preferências e desejos dos indivíduos, na suposição ou concreição de faculdades ou poderes de que são titulares-atribuídos, sim que valem juridicamente, e especial-

---

portanto, é algo real mas suportado desde o *logos* definidor. A construção da definição (*logos*), segundo Aristóteles é a via da natureza (*physis*). Ademais, em Aristóteles o "primeiramente definível é a "substância", não o "acidente". Só a substância incorpora-se no sujeito último da definição. Assim, afirma Aristóteles que "uma coisa está clara, e é que a definição em sentido primordial e absoluto e a essência pertencem às substancias" (ARISTÓTELES, *Metafísica*, 1030b5, in, *Obras Completas...*, p. 986; especialmente 991). Aristóteles pensa a "essência", como especificação ou *qüididade* (*quod quid erat esse*), para o estagirita, todo o inespecífico, todo individual, é não-essencial, portanto, descartado o "acidental", ele subsumia o individual no universal, pois, afirmava que do que não é possível o conhecimento científico diz-se que não possui essencialidade. Atente-se que na filosofia aristotélica toda "substancialidade" (*hypokeimenon*) é essência, caracterizada por sua subjetivade e separabilidade, vale dizer, como subjace aos "acidentes" é separável deles. A leitura que fazia Zubiri de Aristóteles, não compreendia a "separabilidade", assim, uma ontologia de níveis de separabilidade, é substituída por uma ontologia sistêmica, lugar onde não cabe o "separável", e onde o matiz é *holístico-reticular*, com Zubiri não aceitava a subjetividade da substância, e dizia que do ponto de vista predicativo "toda realidad, sea cualquiera su índole, puede ser convertida en sujeto de predicación" (Cf. ZUBIRI, X., *Sobre la esencia*. Madrid, Alianza Editorial, 1962, p. 86). Em Hegel e no racionalismo em geral, essência está identificada com seu conceito, vale dizer, a essência de alguma coisa será o conceito conforme a coisa. Por isso para Hegel a estrutura da realidade e a estrutura da razão são uma e a mesma coisa, o que leva a conclusão que a essência das coisas não é mais que uma essência racional; o mesmo é dizer que o real se funda no racional, e é o racional que possibilita o real. Atente-se que a essência como conceito, pois, admite variações: entendida como conceito formal, perfila-se a posição hegeliana, já entendida como conceito objetivo, vislumbra-se a posição racionalista estrita. Para Hegel, todo o ser da coisa real, enquanto real, lhe está conferido pela concepção formal da razão: ser consiste em ser concebido. Hegel afirmava: "o conceito é a verdade do ser o ser um momento do conceito" (*Enciclopédia*, § 159 – HEGEL, G. W., F., *Enciclopedia delle Scienze Filosofiche in Compendio*. Trad. B. Croce. Bari, 1951). Como se pode observar, tomando-se apenas três autores: Aristóteles, Zubiri e Hegel, não se pode, como fizemos no início desta nota, pensarmos numa concepção de *essência* de modo simplista.

mente, do ponto de vista do coletivo, da comunidade envolvida "no lugar de encontro", como valores ou fins.[221] – A derivação vai pelo estabelecimento de especiais deveres de proteção aos direitos fundamentais, o que se observa, então, é um reducionismo e relativição entre o normativo constitucional e o infraconstitucional, num exercício de "freios e contrapesos", o que leva o Estado à obrigação na proteção dos direitos fundamentais através de imperativos de abstenção ou imposição de condutas. Deste modo, podemos estar certos que a norma principial da proibição da retrogradação socioambiental, instituidora de valor apreciável sobre a vida social e política, alcança regular as relações de todos neste "lugar de encontro", particulares e Estado, ademais de particulares entre si.[222]

Quanto à interpretação dos direitos fundamentais ambientais, em especial na afirmação da proteção do mínimo existencial ecológico e do princípio de proibição da retrogradação socioambiental, na perspectiva de sua dimensão objetiva, seguimos as lições do eminente Professor e Magistrado Ernest-Wolfgang Böckenförde, nos seus *Escritos sobre Derechos fundamentales*, no sentido da necessidade – em caso de conflitos – da utilização do princípio da proporcionalidade como metodologia de ponderação. Ocorre que na aplicação derivada do normativo ambiental, a tendência, por vezes, é assimétrica, por isso, se não se alcança uma ponderação, determinados conteúdos de direitos fundamentais e derivativos se hipertrofiam, unilateralmente, frente a outros conteúdos, ou frente a outros titulares de direitos fundamentais.[223] Só assim, com a utilização da proporcionalidade[224] na sua vertente de adequação, extrai-se um parâmetro que persegue o equilíbrio,

---

[221] VIEIRA DE ANDRADE, J. C., *Os direitos fundamentais na Constituição Portuguesa de 1976.*, 2ª ed. Coimbra: Almedina, 2001, p. 111-112, 129, 138 e s. 149 e s.

[222] Cf. Carlos Vieira de Andrade, op. cit., p. 270 e s; SARLET, I. W., Direitos fundamentais e direito privado: algumas considerações em torno da vinculação dos particulares aos direitos fundamentais, in: *A constituição concretizada – Construindo pontes com o público e o privado*, Porto Alegre: Livraria do Advogado, 2000, p. 107 e s.

[223] BÖCKENFÖRDE, E-W., *Escritos sobre Derechos fundamentales*, Baden-Baden: Nomos Verl.-Gres, 1993, p. 124 (obra consultada na Biblioteca do Centro de Estudos Sociais, da Faculdade de Economia e Ciências Sociais da Universidade de Coimbra, 2003).

[224] Atente-se para a lição freiteana que afirma: "O intérprete constitucional deve ser o guardião, por excelência, de uma visão proporcional dos elementos constitutivos da Lei Fundamental [destacamos], não entendida a proporcionalidade apenas como adequação meio/fim. Proporcionalidade [destaque de Freitas] significa, sobemodo, que se está obrigado a sacrificar o mínimo para preservar o máximo dos direitos" (FREITAS, J., *A Interpretação...*, p. 222).

a compatibilidade e a coordenação das normas-princípios pertinentes.[225]

Quando se pensa em proporcionalidade (igualdade de duas razões: *sacrificar o mínimo para realizar o máxino dos direitos* [Freitas]) no âmbito dos direitos fundamentais socioambientais, especialmente em se tratando da manutenção de um mínimo ecológico (essencial), assoma um princípio antrópico inarredável: *há um fim primordial de todo ser biológico: a manutenção de sua espécie.* Assim o ambiente como "sujeito de direito", ou mais precisamente a "natureza" como sujeito de direito incorpora uma "vontade": a manutenção das espécies, com a manutenção das condições (mínimas) bióticas e abióticas que lhe correspondem; o grande filósofo alemão Arthur Schopenhauer (1788-1860), talvez tenha sido o primeiro a ter essa concepção. Com efeito, Schopenhauer quando referia uma "vontade da natureza", não pensava nos indivíduos atomizados, mas na espécie enquanto idéia mesmo.[226]

---

[225] A propósito, vale lembrar a afirmação de Carlos Roberto Siqueira Castro, no sentido que a "proporcionalidade encerra, [...] a orientação deontológica de se buscar o meio mais idôneo ou a menor restrição possível, a fim de que a lesão de um bem da vida não vá além do que seja necessário ou, pelo menos, defensável em virtude de outro bem ou de um objetivo jurídico revestido de idoneidade ou reconhecido como de grau superior. Trata-se, pois, de postulado nuclear que se converte em fio condutor metodológico da concretização judicial da norma, à qual, segundo Pierre Muller, 'devem obedecer tanto os que exercem quanto os que padecem o poder'" (SIQUEIRA CASTRO, C. R., *A Constituição Aberta e os Direitos Fundamentais.* Rio de Janeiro: Forense, 2003, p.82).

[226] Vale a pena transcrever um pouco do que afirmava: "A lucha general en la Naturaleza y que pertenece a la esencia de la voluntad. Aquella armonía no se extiende más que a lo indispensable para la existencia duradera del mundo y de sus criaturas, que sin ella habrían perecido hace mucho tiempo. Por esto se limita a asegurar la conservación de la especie y de las condiciones generales de existencia y no al de sus individuos" (§ 28, p. 154). "El esfuerzo de la materia puede ser siempre contrarrestado, pero nunca se ve cumplido y satisfecho. Lo mismo pasa absolutamente con las aspiraciones, en los fenómenos de la voluntad. Todo fin alcanzado es el punto de partida para un nuevo esfuerza, y así se continúa indefinidamente. [...] Lo mismo ocurre en la vida de los animales; su punto culminante es la procreación; conseguido este fin, la vida del individuo declina más o menos rápidamente, mientras que un nuevo individuo garantiza a la Naturaleza la conservación de la especie y repite el mismo fenómeno" (§ 28, p. 156). "La forma de este fenómeno [a vida] la constituyen el tiempo, el tiempo y la causalidad, y por lo tanto, la individuación, cuya consecuencia es que el individuo deba nacer y morir; pero a la voluntad de vivir, de la que el individuo no es, por decirlo así, más que un ejemplar o un caso singular de manifestación, no le afecta la muerte de un ser individual, como no altera tampoco el conjunto de la Naturaleza. No es el individuo, sino sólo la especie lo que le importa a la Naturaleza y aquello cuya conservación procura seriamente, rodeándolo de verdadero lujo de precauciones con la extraordinaria superabundancia de gérmenes y con el poder inmenso del instinto de reproducción" (§ 54, p. 99-100). "[...] La Naturaleza está siempre dispuesta a abandonar al individuo, que no sólo se halla en peligro de perecer de mil maneras y por mil causas insignificantes, sino que de antemano está condenado a la desaparición, y la Naturaleza misma le empuja

Desde a perspectiva da garantia de um mínimo ecológico, a proporcionalidade (igualdade de duas razões) vale para todos os seres bióticos e abióticos, todos têm direito à vida e à qualidade de vida, pois nós as gerações presentes temos a obrigação ética e o dever jurídico de deixar este mundo, senão melhor do que o encontramos, pelo menos, em condições mínimas para a sã qualidade de vida das gerações que nos sucederem, com o nosso desejo, inclusive, que vivam uma vida mais digna que a nossa.[227] Portanto, a emergência de uma ética ecológica efetiva se faz necessária; necessária para corrigir o estilo de vida que levamos, construído através de critérios de desenvolvimento preponderantemente tecnológico-industrial; critérios que têm sido a causa de graves desastres para o ser humano e a natureza. A solução está em que um novo direito socioambiental esteja fortemente ancorado nesta ética ecológica, tendo como referente nuclear o dever e a obrigação de servir a nós mesmos, neste "lugar de encontro", servindo, por conseqüência, à natureza, com uma metodologia de ação social eminentemente preventiva, preservativa e restaurativa do meio em que vivemos, do lugar onde nos encontramos, guardando um profundo e reverente respeito a biodiversidade natural e a pluralidade cultural que são uma mesma e só realidade, que se abraçam num processo simbiótico comum, em momentos sincrônicos, desde, um conjunto de fatos diacrônicos. Um direito desta ordem está plasmado pela conquista da própria matéria (organizada), fruto de uma evolução físico-química fundamental e constitutiva das leis biológicas – que valem por si mesmas – e exigem o nosso incondicional respeito. É por isso que todos os seres da cadeia biótica e abiótica, pelo simples fato de existirem, exigem uma valoração moral que está na base dos direitos que lhe são vinculados. Não há como se pensar em direitos fundamen-

---

a ella desde el instante en que ha cumplido su misión, que es conservar la especie. La Naturaleza expresa de este modo francamente esa gran verdad de que sólo las Ideas y no los individuos tienen realidad verdadera, es decir, son la objetivación perfecta de la voluntad" (§ 54, p. 100). "[...] La Naturaleza, cuya esencia íntima es la voluntad de vivir, impulsa con todas sus fuerzas al hombre, como al animal, a la reproducción. Y luego, cuando ha obtenido ya del individuo el resultado que esperaba, se vuelve indiferente en absoluto a su destrucción, pues como voluntad de vivir, no se interesa más que por la conservación de la especie y en modo alguno por el individuo" (§ 60, p.145) (SCHOPENHAUER, A., *El Mundo como Voluntad y Representación*, Madrid: Orbis Hyspamérica, 1985.

227 A propósito, a aguda observação de Juarez Freitas: "O intérpete constitucional precisa ter clareza de que os direitos fundamentais não devem ser apreendidos separada ou localizadamente, reconhecendo, além disso, a eficácia direta, no núcleo essencial, dos direitos de todas as gerações [destacamos]" (FREITAS, J., *A Interpretação...*, p. 224).

tais socioambientais sem pensar nas leis biofísicas, por isso, desborda-se o antropocentrismo da ecologia humana para um ecocentrismo da vida. Contudo, atente-se que, dado ao acesso humano à cultura, atribui-se aos seres humanos uma responsabilidade maior que aquele eventualmente atribuída a outros seres, com o entorno, com o *habitat*, com o nosso "lugar de encontro"; o mesmo, se dá na sociedade organizada nos Estados, e próprio Estado, promovendo e protegendo os direitos ambientais, desde a garantia do mínimo existencial.[228]

Por último, impende afirmar que o intérprete em sede de direitos fundamentais socioambientais, maior cautela deve demonstrar no trato da proteção do mínimo existencial ecológico e da proibição da retrogradação socioambiental, coadunando com o princípio da unidade da Constituição, buscando soluções plurais pelo princípio da integração, já que eventuais contradições entre princípios alcançam superação pela ponderação, que se revela pela aplicação do princípio da máxima efetividade, vale dizer, atitude maximizadora da eficácia, desde uma justificação adequada do conteúdo constitucional, assentada no princípio da harmonização das normas constitucionais implicante da proibição do excesso, e afirmativo do princípio da força normativa da Constituição, forte na lição de Jorge Miranda, no sentido que "[...] todas as normas constitucionais têm de ser tomadas como normas da Constituição actual, da constituição que temos (conquanto com caráter prospectivo), e não como normas de uma Constituição futura, cuja execução não vincule, desta ou daquela maneira, os órgãos de poder e o legislador ordinário".[229]

Como com insistência tem afirmado Juarez Freitas, ou *a interpretação é* [tópico] *sistemática ou não é interpretação*. Nenhuma máxima seria mais adequada para o direito socioambiental do que a que nos revela Freitas.[230] Ecologia pensada como sistema, mais, o direito socioambiental pensado como sistema, revelam uma incompletude que

---

[228] Neste sentido cf., CAMPBELL, B., *Ecología Humana*, Barcelona: Salvat Editores, 1986; FERRY, L., *El nuevo orden ecológico. El árbol, el animal y el hombre*. Barcelona: TusQuets Editores, 1994; KÜNG, H., *Proyecto de una Etica Mundial*. Madrid: Editorial Trotta, 1991; LEOPOLD, A., *The land ethic, A Sand Country Almanac*, New York: Oxford, 1969; MARGALEF, R., *Ecología*. 4ª ed. Barcelona: Ediciones Omega, 1982; PRIGOGINE, I., *La Nueva Alianza, Metamorfosis de la Ciencia*. Madrid, 1983; SINGER, P., *Ética Práctica*. 2ª ed. Londres: Cambridge University Press, 1995.

[229] MIRANDA, Jorge. *Manual de Direito Constitucional*, T. II, 2ª ed. Coimbra: Coimbra Editora, 1988, p. 226.

[230] FREITAS, J., *A interpretação...*, p. 62 e s., especialmente 80 e s.

precisa ser preenchida, através da tomada de consciência que tanto o mundo como o ser humano vêm concebidos como inacabados e surgem conformados num grande processo cujo desenvolvimento objetiva sua plenitude de crescimento. Por isso, o homem não nasce exercendo de modo pleno a sua liberdade, sim, que "apreende a ser livre". Ao interpretar (tópica e sistematicamente) os fatos e as normas, estejam esses constelados na religião, na estética, na ética, na política, no direito, na economia, ou na ciência (como corpo de conhecimentos sistematizados), observando uma hierarquia de valores, em cujo ápice está a "dignidade humana".[231]

Quando se interpreta, na formulação freiteana, o resultado obtido conforma um enunciado performativo (diferentemente do constatativo) que não objetiva descrever nem uma coisa existente, nem uma idéia, ou um desejo; pois, pela sua só enunciação faz "visível" o existir que afirma (interpretação tópica). O enunciado que contém não pode, por isso, ser qualificado de verdadeiro ou falso; mas o fato que, em si mesmo, é a realização de um ato. Atente-se que – quando a Declaração dos Direitos do Homem, no plano internacional ou a Constituição, no plano nacional –, revela um determinado direito, o está extraído das relações inter-humanas havidas no espaço social e que se incorpora em uma idéia vigente na ordem social. Os enunciados lingüísticos que expressam esta idéia são performativos em sua intenção e nos efeitos que produzem. Portanto, em sede de direito socioambiental, e na exata medida da proteção da retrogradação que garanta o "mínimo existencial ecológico", podemos distinguir – no âmbito do direito interpretado – entre o jurídico e o legal, concebendo o primeiro como mais amplo que o segundo, desde o momento em que o legal se entende como o explicitamente codificado e o jurídico como a normatividade codificada mais os princípios em que se apóia e os que remete a sua interpretação, podendo-se falar, ainda, do jurídico referindo-nos aos princípios inclusive antes que hajam dado lugar a regras expressamente formuladas. Assim, é consistente falar dos direitos ambientais como algo jurídico, ainda que determinados fatos subjacentes guardem a estrita representação de "não-legal" se não alcançaram ainda o reconhecimento

---

[231] Vale lembrar a lição de Freitas: "Na hierarquização dos princípios constitucionais, a interpretação sistemática opera com o 'metracritério' hierárquico axiológico, escalonando normas quando configurada a antinomia ou para evitá-la, sempre devendo fazer com que os princípios ocupem o lugar de destaque, situando-os, ao mesmo tempo, na base e no ápice do sistema, isto é, fundamento e cúpula do mesmo" (FREITAS, J., *A Interpretação...*, p. 222).

constitucional como direitos fundamentais. Podemos sustentar que estas pertinentes matrizes desde a distinção que elabora Dworkin entre normas, princípios e regras.[232]

A proteção do mínimo existencial, a vedação da degradação do ambiente, objetivam o homem e a mulher, como "pessoas", matizados pela sua "criação" e "liberdade", pois constituem o primeiro valor da Humanidade. A pedagogia da economia, do direito, da política e da ciência devem estar a serviço deste valor. A ciência deve servir à compreensão entre os humanos, e não a sua destruição.

---

[232] DWORKIN, R., *Los derechos en serio*. Barcelona: Ariel, 1984, p. 72 e s.

(In)Conclusões

Todo o dizer é um dizer inconcluso. Reconstruímos a nossa fala ao produzi-la, desconstruindo nossas *posições* pelas *disposições* que conformam o nosso (co)existir. Somos o resultado deste processo. Este nosso ensaio está composto de narrativas resultantes de nossas convicções, redigido em *textos* de prosa livre sobre o tema ambiental. Não tivemos a pretensão de esgotá-lo; faltar-nos-ia competência para tal tarefa, apenas nos moveu o interesse de reunir dissertações menores, menos definitivas, ainda à espera de um tratamento formal feito em profundidade. Falta-nos um *discurso que desenhe a estrutura de incomensurabilidade do "meioambiente"*.

Neste estudo, afirmamos que o direito é um produto cultural, certamente os direitos humanos e os fundamentais, por conseqüência também o são. Como produtos culturais, surgiram como reação às proposições que o capital vem empreendendo, e com sucesso, desde o século XVI até os nossos dias. A característica cultural do direito está na relação dele com os mais variados contextos, vale dizer, com o modo pelo qual se produz a riqueza e a pobreza também, desde processos de divisão social, étnica, sexual e territorial.

Afirmamos que a dignidade é qualidade que mira mais o valor de uso (a capacidade de fazer) que o valor de troca (capacidade de acumular). A dignidade é qualidade que objetiva o acesso eqüitativo dos bens e luta contra a desigual repartição que os processos de divisão social e econômica (de matiz crematístico) promovem.

Pensamos a realidade em diversas perspectivas. Um modo é imaginar círculos concêntricos de verdade e erro entrelaçados por signos lingüísticos, transformados em vetores de complexidade[233] de afirma-

---

[233] "Vetores de complexidade", para nós, são forças cuja ação projetiva tem qualidade e intensidade variáveis em relação ao conjunto das situações sociais normalizadas ou a ser normadas por via da linguagem jurídica.

DIREITO AMBIENTAL – PROIBIÇÃO DE RETROCESSO

ção e negação. O que somos e qual o alcance de nosso discurso não é de muita importância, o importante é circundar o discurso para descobrir as falácias que ele encobre, permanecendo a verdade no imanente dos objetos. Isto fica evidente quando observamos esses círculos onde a linguagem narra a história, mas a interpretação e o sentido lhes damos nós. Apostamos por uma dialética que procura por uma *razão dialógica* entre interlocutores comprometidos efetivamente com a busca da veracidade, através da qual o *discurso* ou a *narração* possa evoluir gradativamente, das aparências sensíveis às realidades inteligíveis. Uma dialética assim tensiona a *posição* e a *disposição* (dos seres e das coisas) entre sujeitos relacionados no amplo campo do jurídico. Uma dialética assim é sempre afirmativa.

Intentamos um discurso, nos limites a que nos propomos, sobre o mínimo existencial ecológico e o princípio de proibição da retrogradação socioambiental, com objetivos culturalistas e sociológicos no estudo direito ambiental; contudo, reconhecemos que o mesmo é carente de precisão em ciência do direito, pois falta-nos um discurso jurídico que bem defina a *estrutura de incomensurabilidade do ambiente*, tal fato, acarreta para os *iusambientalistas* um enorme "déficit de execução" (*Vollzugsdefizit*) ou de *performance* das normas ambientais. Isto é assim, pois o discurso normativo ambiental carece, na maioria dos casos, de concretização dado as restrições impostas à *praxis ambientalista* conformada por um sistema jurídico ainda lacunoso e imperfeito, o que impede, por vezes, melhor *performance* dos movimentos sociais, o agir dos órgãos estatais e a decisão dos tribunais;[234] ou, de outro modo, pelo lado do Estado, também há uma hipertrofia da normação, revelando um verdadeiro "superávit regulativo desordenado" das funções e normas de direito ambiental, inviabilizando muitas atividades proveitosas para a coletividade, fazendo-se necessário um eficaz controle na redução deste "déficit performativo".

É necessário ressaltar, nessas (in)conclusões, por importante, a *tecnicidade* que o direito ambiental alcançou, pois suas normas, quer sejam dirigidas aos sujeitos ou aos objetos de direito, são essen-

---

[234] Cf. KLOEPFER, M., *Umweltrechts*. 3. Aufl. München: Verlag C. H. Beck oHG, 2004, p. 42, 152, 257, 281, 389 (aqui faz-se necessário um registro e um agradecimento especial, pois a utilização do trabalho do Prof. Kloepfer não teria sido possível sem o imprescindível auxílio de nossa professora de alemão Dra. Ingrid H. Rasenack, que nos possibilitou o acesso, em vernáculo, do texto, contudo, não lhe tributamos qualquer responsabilidade pela interpretação que damos ao mesmo).

cialmente tecnônimas o que, por vezes, acarreta problemas estruturais *internos* nos diversos subsistemas do sistema jurídico envolvido. É desde esta perspectiva que creditamos a *incomensurabilidade* do discurso *iusambiental*. Veja-se que a técnica é indispensável para a sobrevivência e o bem-estar do ser humano, como já anotou Francis Bacon (1561-1626, tido como precursor do empirismo),[235] quando imaginou não formas de vida social ou políticas perfeitas, antes, um "paraíso da técnica" lugar onde são possíveis as descobertas e as invenções de todo o mundo, sendo a ciência o modo de satisfação das necessidades da vida na terra;[236] aliás, já estava em Platão,[237] entendendo o ser humano como o mais desprovido da criação e, portanto, necessitava para seu desenvolvimento da técnica (*Prot.* 321c). Contudo, se de um lado, a técnica é imprescindível, de outro, especialmente a partir do Século XX, os problemas acarretados pela mesma são altamente preocupantes para a manutenção da vida em todas as suas variáveis, pois, foi devido ao seu uso deformado e com fins especulativos, que a exploração foi mais intensa dos recursos naturais, ultrapassando mesmo os limites de sua recuperação, mais ainda, com o desenvolvimento industrial e o incremento da densidade populacional, gerou-se maior poluição das águas, dos solos, as emissões contaminantes do ar, sem contar com a crescente automação do trabalho humano com os efeitos não só ecológicos, mas também econômicos, notadamente, a exclusão do homem e da mulher, transformados em acessórios da máquina (Deleuze). O direito ambiental, portanto, deve reacionar a esta realidade, provendo os meios para um *ajustamento* no evolver técnico-econômico-industrial, o que impende o uso equilibrado do tecnicismo,[238] pois o binômio: impactos ambientais/proteção ambiental

---

[235] Utilizava o método de "indução por eliminação" para alcançar o rigor científico. Desenvolveu a "teoria dos *Idola*" com o objetivo de arredar, ou destruir os preconceitos formados por falsas induções emergentes de alguns poucos exemplos, para em seu lugar construir realidade com o rigor científico (um verbete sobre Francis Bacon, sucinto e muito bem escrito, pode ser conferido no *Dicionário Oxford de Filosofia*, de Simon Blackburn. Trad. de Desidério Murcho e outros. Rio de Janeiro: Jorge Zahar Ed., 1997, p. 36).

[236] *Nova Atlântida*. Trad. José L. Reis de Andrade. Col. Os Pensadores. São Paulo: Abril Cultural, 1973, p. 268 e s. – O ideal baconiano é propositado a uma reforma cultural, objetivando a substituição da perspectiva cultural retórica pela tecnocientífica.

[237] *Protagoras, ou os sofistas*, in PLATÃO, *Obras Completas*, 2. ed. Tad. Maria Araújo e outros. Madrid: Aguillar, 1969, p. 168-9.

[238] Na legislação alemã já está bem definido um "*estado da técnica*" (stand der Technik) e um "*estado da ciência e da técnica*" (Stand von Wissenschatf und Technik) como nos ensina Kloepfer, *op. cit.*, p. 147 e s.

DIREITO AMBIENTAL – PROIBIÇÃO DE RETROCESSO

pode ser observado via benefícios gerados ou danos ocasionados no ambiente, numa adequação entre ônus e bônus desde razões públicas justificadas.

Temos ainda que considerar o ambiente, este "lugar de encontro" subjetivado, como *ambiente humano*. Este ambiente humano é objeto de *proteção existencial mínima*, desenhando-se então uma fronteira entre limites, *o limite mínimo de salubridade* e o *limite máximo de sustentação*. Este espaço fronteiriço, intersticial, habilita a coexistência e a reprodução da espécie; assim o *ambiente humano* revela-se no espaço físico que reúne as condições sob as quais qualquer ser vive e se desenvolve, conformado pelas influências que modificam o perfil de vida ou do caráter desse ser.[239] Se imaginarmos esses limites como um conjunto de círculos interseccionados, vale dizer, um deles, representando o mínimo de salubridade ("sal"), e outro o máximo de sustentação ("sus"), a zona gris, que marca a fronteira, exige que "sal" esteja garantido para a existência da espécie, pois sem este mínimo ela se extinguiria; de outro modo, se exige que "sus" esteja garantido por um máximo (bem-estar) que não comprometa as gerações futuras.

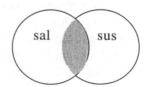

Esta zona gris conforma o *ambiente humano* neste "lugar de encontro" pois habilita a existência do ser humano relacionado (mínimo existencial salubre) implicando-lhe valor maior possível de bem-estar (máximo de sustentação) concretizando, desta forma, uma vida digna, exigindo como limites entre os dois círculos: a adequada proteção das condições de vida das gerações vindouras, até mesmo como a única forma de manter-se a fronteira e realizar o imperativo já desenhado por Jonas: "age de tal modo que os efeitos de tua ação sejam compatíveis com a permanência de verdadeira vida humana sobre a terra".[240]

---

[239] Em sentido assemelhado Cf. HOLZER, W. *Uma discussão fenomenológica sobre os conceitos de paisagem e lugar, território e meio ambiente*. Rio de Janeiro: Território, n. 3, jul./dez. 1997, p. 80.
[240] JONAS, H., *El princípio...*, p. 40.

Para finalizar nossa inconclusão, apoiamo-nos no princípio Boétie,[241] vale dizer, o *princípio da humanidade* segundo o qual *todos os humanos são humanos da mesma maneira*. Esses humanos, com igual dignidade, têm (*ou tinham?*), em comum, uma só propriedade: *a liberdade*. E é essa liberdade que é objeto de apropriação pelo Estado, para ser circunstanciada, distorcida e por vezes desprezada e poucas, ou pouquíssimas vezes, promovida e assegurada, já que a *liberdade* não é só política, jurídica ou moral, mas sim, e especialmente, econômica e ambiental.

Em definitiva, intentamos um exercício "crítico" e percebemos "crise" do direito ambiental moderno. Aliás, *crítica* (de *critiké*,κρτικη ou o que julga, o julgador para κριτικος, o que é capaz de julgar) e *crise* (κρισις) tem fundamento étimo comum: do verbo grego *kríno* (κρινω) que é separar, distinguir, discernir e interpretar. Por isso, ao interpretarmos, o mundo está colocado *fora*, não é invento do sujeito. O mundo vai situando-se, sem repouso, entre o corpo que vê e as coisas visíveis e o que permanece ainda invisível. Entre o lugar do corpo e o lugar das coisas se apresenta uma fratura insuperável. A visão não é assunto exclusivo nem do que vê nem, tampouco, do visível e, todavia, a visão é "*ato de ver*", e é também "*aparição*" (Merleau-Ponty). O mundo, não é mais do aquilo que vemos. O fato de aparecer-se-nos o mundo constitui a entidade deste. Aí criticamos, discernimos. O mistério não é unicamente o mundo, mas igualmente a maravilha que experimentamos diante dele. Que o mundo possa ficar submetido a questionamentos não significa que não se identifica conosco mesmo, que seu "aparecer" não esgota seu ser. Contudo, daqui não se pode deduzir que ficamos remetidos a outro mundo. A apercepção acaba em uma forma de interrogar. O visível encerra em si mesmo o inapresentável. O ser se desborda de sua manifestação. O invisível não é "outro possível", agora ausente é, como afirmava Merleau-Ponty,[242] porventura relendo Heidegger, Verbogenheit[243] fundamental. O visível não é mais que "ruínas" e quebra do invisível. O invisível é invisível do visível, é o "não apresentável", algo assim como um estuário do não-ser.[244]

---

[241] Étiene de La BOÉTIE, *Les discours de la servitude volontaire*. Paris: Payot, 1993.

[242] *Le visible et l'invisible*. Paris: Gallimard, 1964, p. 32.

[243] (O) segredo, vale dizer, o sentido, o significado oculto de algo que se descobre no recolhimento.

[244] MERLEAU-PONTY, M., *ob. cit., loc. cit.*

Aí nos encontramos, desde nosso objeto: entre a *crítica visível do direito ambiental sobre uma crise invisível da política ambiental*, vale dizer, encontramo-nos num pós-modernismo mundanal onde as *situações-limite* (na linguagem de Jaspers) se encontram na leitura do mundo como um conjunto de símbolos de outra realidade que jamais podemos alcançar, pois "somos nós mesmos entrando nas situações-limite (...) Experimentá-las e existir são uma mesma coisa".[245] Pois explica Jaspers, os acontecimentos, a ordem objetiva das coisas e as figurações precisam ser decifradas. Assim, toda a filosofia, e com mais razão, a filosofia político-ambiental consiste em esclarecer a existência possível, não aquela já dada. Como seres humanos, temos de *escolher.* Aí está o trágico de nossos dias. Aí está a dificuldade da crítica. Mesmo, aí se encontra a crise de nossas escolhas. Neste ensaio, tentamos fazer uma escolha, sabendo, de antemão, que nem todo consenso pode ser considerado como um critério de verdade suficiente. Lutar pelo mínimo existencial ecológico e pela vedação da degradação ambiental, informados pelos princípios da dignidade do humano e pela segurança jurídica é a escolha que resolvemos fazer. Escolhas que refletem nossos ideais pois,

> El destino de una época cultural que ha degustado el árbol de la ciencia, es el de tener que saber que no podemos deducir el sentido de los acontecimientos mundiales del resultado de su estudio, por muy completo que éste sea. Por el contrario, debemos ser capaces de crearlo por nosotros mismos. También tiene que saber que los "ideales" nunca pueden ser el producto de un saber empírico progresivo. Y por lo tanto, que los ideales supremos que más nos conmueven, sólo se manifiestan en todo tiempo gracias a la lucha con otros ideales, los cuales son tan sagrados como los nuestros.[246]

---

[245] JASPERS, K., *Philosophie* (1932), trad. *Filosofía*. Madrid: Revista de Occidente, 1959, p. 79.
[246] WEBER, M., *La objetividad del conocimiento en las ciencias y la política sociales*, in, *Sobre la teoría de las ciencias sociales*, Barcelona: Planeta-Agostini, 1985, p. 18-19.

Referências bibliográficas[247]

ALCHOURRÓN C., e BULYGIN, E., *Sobre la existência de las normas jurídicas.* Valencia (Venezuela): Universidade de Carabobo, 1979.

ALEXY, R., *Teoría de los derechos fundamentales.* Trad. de Ernesto Garzón Valdés. Madrid: Centro de Estudios Políticos y Constitucionales, 3ª reimp., 2002.

ANTUNES., P. de B., *Direito Ambiental.* 3ª ed. Rio de Janeiro: Lumen Juris, 1999.

ARISTÓTELES, *Etica Nicomaquea, Obras Completas,* trad. VV. A., 2ª ed. Madrid: Aguilar, 1967.

——. *Física,* in, *Obras Completas,* trad. VVªA., 2ª ed. Madrid: Aguilar, 1967.

——. *Poetica,* in, *Obras Completas,* trad. VVªA., 2ª ed. Madrid: Aguilar, 1967.

——. *Metafísica,* in, *Obras Completas,* trad. VVªA., 2ª ed. Madrid: Aguilar, 1967.

ÁVILA, H. B., *Teoria dos Princípios – da definição à aplicação dos princípios jurídicos.* 3ª ed. São Paulo: Malheiros Editores, 2003.

ÁVILA COIMBRA, J. de, *O outro lado do meio ambiente.* 2ª ed. Campinas: Millenium Editora, 2002.

AYRES DE BRITTO, C., *Teoria da Constituição.* Rio de Janeiro: Forense, 2003.

BACON, F., *Nova Atlântida.* Trad. José L. Reis de Andrade. Col. Os Pensadores. São Paulo: Abril Cultural, 1973.

BAPTISTA MACHADO, J., *Introdução ao Direito e ao discurso legitimador,* Coimbra: Livraria Almedina, 1999.

BARCELLOS, A. P. de, *A Eficácia Jurídica dos Princípios Constitucionais.* Rio de Janeiro: Renovar, 2002.

BARROW, J. D., e TRIPLER, F. J., *The anthropic cosmological principle,* New York: Oxford University Press, 1986.

BATALHA, *Nova introdução ao direito,* Rio de Janeiro: Forense, 2000.

BÖCKENFÖRDE, E-W., *Escritos sobre Derechos fundamentales,* Baden-Baden: Nomos Verl.-Gres, 1993.

---

[247] Algumas das referências bibliográficas formam parte de nosso fichário pessoal elaborado durante o período que permanecemos na Universidade Pablo de Olavide de Sevilha, na Universidade de Granada, na Complutense de Madrid, na Universidade Carlos III de Madrid, nos anos de 2001 e 2002 e 2004, mais ainda, no Centro de Estudos Sociais da Universidade de Coimbra, onde permanecemos no primeiro semestre de 2003, outras são de livros de acervo próprio.

BOÉTIE, É. de La, *Les discours de la servitude volontaire*. Paris: Payot, 1993.

BONAVIDES, P., *Curso de Direito Constitucional*. 8ª ed. São Paulo: Malheiros, 1999.

BUBER, M, *Eu e Tu*. Trad. Newton Zuben, São Paulo: Cortez & Morais, 1977.

CAMPBELL, B., *Ecología Humana*, Barcelona: Salvat Editores, 1986.

CANARIS, C-W., *Pensamento Sistemático e Conceito de Sistema na Ciência do Direito*. Trad. e Intr. de A. Menezes Cordeiro. 3ª ed. Lisboa: Fundação Calouste Gulbenkian, 2002.

CANOTILHO, J. J. G., *Procedimento administrativo e defesa do ambiente*, in, RLJ – Revista de Legislação e Jurisprudência, Faculdade de Direito da Universidade de Coimbra, nº 3794/3799.

——. *Direito Público do Ambiente*. Coimbra: Faculdade de Direito de Coimbra, 1995.

——. *Direito Constitucional e Teoria da Constituição*. 2ª ed. Coimbra: Almedina, 1.998.

CAPELLA, J. RAMON, *Sobre a extinção do direito e a supressão dos juristas*. Trad. M. L. Guerreiro. Coimbra: Centelha Promoção do Livro, 1977.

CAPRA, F., *A teia da vida*, São Paulo: Cultrix, 1996.

CASALTA NABAIS, J., *O Dever Fundamental de Pagar Impostos*. Coimbra: Almedina, 1998.

CASTILLA DEL PINO, C., *Teoría de los Sentimientos*, Barcelona: Tusquets Editores, 2000.

COASE, R. H. *La empresa, el mercado y la ley*. Madrid: Alianza, 1994.

——. *The problem of social cost*. Journal of law and economics, I-44, outubro de 1960, Univ. of Chicago Press.

D'ÁVILA LOPES, A. M., *Os Direitos Fundamentais como Limites ao Poder de Legislar*.Porto Alegre: Sergio Antonio Fabris, 2001.

DERANI, C., *Meio ambiente ecologicamente equilibrado: direito fundamental e princípio da atividade econômica*, in, PURVIN DE FIGUEIREDO, G. J., (org.) *Temas de direito ambiental e urbanístico*. São Paulo: Max Limonad, 1998.

DUSSEL, E., *Ética da Libertação*. Trad. E. F. Alves e outros. Petrópolis: Editora Vozes, 2000.

DWORKIN, R., *Law's Empire*, Cambridge, Mass.: Belknap Press, 1986.

ESCOBAR, A., e PEDROSA, A. (editores) *Pacífico ¿Desarrollo o diversidad? Estado, capital y movimientos sociales en el Pacífico colombiano*. Santafé de Bogotá: Cerec-Ecofondo, 1996.

ESPÍNDOLA, R. S., *Conceito de Princípios Constitucionais*. São Paulo: RT, 2002.

FARIÑAS DULCE, M. J., *La sociología del derecho de Max Weber*. Madrid: Civitas, 1991.

FERRY, L., *El nuevo orden ecológico. El árbol, el animal y el hombre*. Barcelona: TusQuets Editores, 1994.

FIORILLO, C. A. P., ABELHA RODRIGUES, M., e, ANDRADE NERY, R. M., *Direito Processual Ambiental Brasileiro*. Belo Horizonte: Del Rey, 1996.

FOUCAULT, M., *Dits et écrits* (1954-1988), Vol. IV (1980-1988), Paris: Gallimard, 1994.

——. *As palavras e as coisas*. Trad. de A. R. Rosa. Lisboa: Martins Fontes/Portugália Ed., s/d., possivelmente de 1967.

FREGE, G., *Estudios sobre semántica*, compilação de artigos diversos, traduzido por Jesús Mosterín, Barcelona: Ediciones Folio, 2002.

FRONDIZI, R., *¿Qué son los valores? Introducción a la* axiología. 3ª, 15ª reimp. México: Fondo de Cultura Económica, 1999.

GUATTARI, F., *As três* ecologias. Trad. M. C. F. Bittencourt. São Paulo: Papirus, 1990.

HART, H. L. A., *Punishment and Responsibility: Essay in the Philosophy of Law*, 2ª ed., Oxford: Clarendon Press, 1970.

HERRERA FLORES, *El proceso Cultural – Materiales para la creatividad humana*. Sevilla: Aconcagua, 2005.

HORKHEIMER, M., *Anhelo de Justicia. Teoría crítica y religión* Trad. J.J Sánchez. Madrid: Trotta, 2000.

HUGUES, D., *Perspectives for environmental law – Entering the fourth phase*, in, Journal of Environmental law, vol. 1, nº 1/41, 1989.

JASPERS, K., *Philosophie* (1932), trad. Filosofía. Madrid: Revista de Occidente, 1959.

JONAS, H., *El princípio de responsabilidad. Ensayo de una ética para la civilización* tecnológica, Herder, Barcelona, 1995.

——. *Técnica, medicina e ética. A prática do princípio da responsabilidade*, Barcelona: Paidós, 1997.

JÖRS, P., *Derecho privado romano*. Edición totalmente refundida por WOLFGANG KUNKEL. Trad., da 2ª Ed. Alemã por L. Prieto Castro. Barcelona: Ed. Labor, 1965.

KANT, I., *Kritik der reinen Vernunft* (1787), *Crítica de la Razón Pura*, traducción de José del Perojo, revisada por Ansgar Klein, 5ª ed., Buenos Aires: Editorial Losada, 1967.

KAZANTZÁKIS, N. *Ascese – Os Salvadores de Deus*. Trad. J. P. Paes. São Paulo: Ed. Ática, 1997.

KIERKEGAARD, S., *Frygt og Baeven* (1843), *Temor y Temblor*, tradução de Vicente Simón Merchán, 4ª ed. Madrid: Editorial Tecnos, 2001.

KLOEPFER, M., *Umweltrechts*. 3. Aufl. München: Verlag C. H. Beck oHG, 2004.

——. *Grundprinzipien und Instrumente des europäischen und deutschen Umweltrechts* (em arquivo Word).

KORS, J., *Nuevas tecnologías y derecho ambiental*. In, Revista del derecho industrial,, Buenos Aires, Nº 41, mayo-agosto de 1992.

KOSIK, K., *Dialética do concreto*, Rio de Janeiro: Paz e Terra, 1976.

KÜNG, H., *Proyecto de una Etica Mundial*. Madrid: Editorial Trotta, 1991.

LORITE, M. J., *El Animal Paradójico, Fundamentos de Antropología Filosófica*. Barcelona: Antropos, 1982.

LEIBNIZ G. W. *Fragmento sem título*, in, *Textes inédits*, tomo II, Grua, París: Gastón, 1948.

——. *Novos ensaios sobre o entendimento humano*. Trad. L. J. Baraúna, São Paulo: Abril Cultural, 1974.

——. *Correspondência com Clarke*. Trad. C. L. De Mattos. São Paulo: Abril Cultural, 1974.

LEITE, J. R. M., *Dano Ambiental: do individual ao coletivo extrapatrimonial*. 2ª ed. rev., atual., ampl. São Paulo: RT, 2003.

LEOPOLD, A., *The land ethic, A Sand Country Almanac*, New York: Oxford, 1969.

LUCAS, J., *Blade Runner – El derecho, guardián de la diferencia*. Valencia: Tirant lo Blanch, 2003.

MACHADO NETO, A. L., *Introdução à ciência do Direito*. São Paulo: Saraiva, 1963.

MARGALEF, R., *Ecología*. 4ª ed. Barcelona: Ediciones Omega, 1982.

MARTIN MATEO, R., *Manual de derecho ambiental*. Madrid: Trivium, 1995.

MATURANA, H., *A ontologia da realidade*. Trad. Cristina Magroe Nelson Vaz. Belo Horizonte: Ed. UFMG, 1999.

MAX-NEFF M e outros, *Desarrollo a escala humana. Una opción para el futuro*, in, *Development Dialogue*, n. esp. 9.93, 1986. Traduzido e amplado em *Desarrollo a escala humana, Concepto, Aplicaciones y Reflexiones*. Barcelona: Icaria, 1993.

MERLEAU-PONTY, m., *Le visible et l'invisible*. Paris: Gallimard, 1964.

MILARÉ, E., *Direito do Ambiente*. São Paulo: Revista dos Tribunais, 2000.

MIRANDA, J., *Direitos do Homem - Principais Textos Internacionais*, 2ª ed., Lisboa: Petrony, 1989.

——. *Manual de Direito Constitucional*, T. II, 2ª edição, Coimbra: Coimbra Editora Ltda., 1988.

MOLINARO, C. A., *Los deberes humanos ante la perspectiva del "diamante ético" de Joaquín Herrera Flores*, 2ª versión. Sevilla: UPO, 2002.

MORIN, E., *L'unité de l'homme. Invariants biologiques et universaux culturels*, Paris: Seuil, 1974.

MORIN, E., e PIATELI-PALMARINI, M., *La unidad del hombre como fundamento y aproximación interdisciplinaria*, in, Leo Apostel (y otros), *Interdisciplinariedad y ciencias humanas*. Madrid: Tecnos/Unesco 1998.

MUKAI, T., *Direito ambiental sistematizado*. 3ª ed. Rio de Janeiro: Forense Universitária, 1998.

NIETZSCHE, F., *La genealogía de la moral*. Trad. A. Sánchez Pascual. Madrid: Alianza, 1998.

NUNES JUNIOR, A. T., *O Estado ambiental de Direito*, Jus Navigandi, Teresina, a. 9, n. 589, 17 fev. 2005. Disponível em: http://www1.jus.com.br/doutrina/texto_sp?id=6340. Acesso em: 20 de abril de 2005.

ORTEGA ALVAREZ, *Lecciones de Derecho del Medio ambiente*, Valladolid: Lex Nova, 1998.

PEREIRA DA CÂMARA, A., *O valor Justiça, manifestação, no plano social, da vontade criadora e redentora de Deus*, in, AJURIS, n.o 6, Porto Alegre, 1976.

PEREIRA DE SOUZA NETO, C., *Jurisdição Constitucional, Democracia e Racionalidade Prática*. Rio de Janeiro: Renovar, 2002.

PETERS, F. E., *Termos filosóficos gregos,* trad. De Beatriz Rodrigues Barbosa. Lisboa: Fundação Calouste Gulbenkian, 1983.

PLATÃO, *Cratilo o de la Exactitud de las Palabras*, in, *Obras Completas*, trad. do grego de vv. aa., Madrid: Aguilar, 1969.

——. *El sofista o del ser*, in, Obras Completas, 2ª ed. Madrid: Aguilar, 1969.

———. *Protagoras, o los sofistas*, in, Obras Completas, 2ª ed. Madrid: Aguilar, 1969.

PONTES DE MIRANDA, F. C. *À margem do Direito. Ensaio de Psicologia Jurídica.* Campinas, São Paulo: BOOKSELLER, 2002.

———. *Comentários à Constituição de 1967 com a Emenda nº 1 de 1969*, 2ª edição, tomo I, São Paulo: Revista dos Tribunais – RT, 1970.

———. *Introdução à Política Científica*, Rio de Janeiro: Forense, (1924) 1983.

———. *Introducção à Sociologia Geral*, Rio de Janeiro: Pimenta de Mello, 1926.

———. *O Problema Fundamental do Conhecimento*, 2ª ed. Rio de Janeiro: Borsói, 1972.

———. *Sistema de ciência positiva do Direito*, reeditado em quatro tomos por Rio de Janeiro: Editor Borsói, 1972.

PRIGOGINE, I., *La Nueva Alianza, Metamorfosis de la Ciencia.* Madrid, 1983.

PROGOFF, I., *Depth Psychology and Modern Man*, New York: The Julian Press Inc., 1959.

RAMOS ULGAR, M. A., *El análisis ecologico de datos: cuando, como y para que*, in, *Derecho y Sociedad*, VV. AA. Valencia: Tirant lo Blanch, 1998.

ROCHA, C. L. A. *O constitucionalismo contemporâneo e a instrumentalização para a eficácia dos direitos fundamentais.* In, www.cjf.gov.br/revista/numero3, acessado em 12/12/2005).

RODGERS, C., *Environmental Law*, St Paul, Minnesota: West Publishing Co., 1977.

SANTILLI, J., *Socioambientalismo e novos direitos – Proteção jurídica à diversidade biológica e cultural.* São Paulo: Peirópolis, 2005.

SANTOS, B. DE S., *O Conflito de Deveres em Direito Criminal*, edição datilografada e reprografada, Coimbra, 1964.

———. *Pela mão de Alice: o social e o político na pós-modernidade.* Porto: Afrontamento, 1994.

———. *Por uma sociologia das ausências e das emergências*, Revista Crítica de Ciências Sociais, n. 63, outubro de 2002.

SARLET, I. W., *A eficácia dos direitos direitos fundamentais*, 3ª ed., Livraria do Advogado, Porto Alegre, 2003.

———. *A Eficácia dos Direitos Fundamentais.* 2ª ed. Porto Alegre: Livraria do Advogado, 2001.

———. *Dignidade da Pessoa Humana e Direitos Fundamentais na Constituição Federal de 1988*, 3ª ed., Livraria do Advogado, Porto Alegre, 2004.

———. *Direitos Fundamentais Sociais e proibição de retrocesso: algumas notas sobre o desafio da sobrevivência dos direitos sociais num contexto de crise*, in, VV. AA., (Neo)Constitucionalismo – ontem, os Códigos hoje, as Constituições, Revista do Instituto de Hermenêutica Jurídica,v. I, n. 2, Porto Alegre, 2004, pág. 121-168.

———. *Os direitos fundamentais sociais na ordem constitucional brasileira*, in, VV. AA., *Em busca dos direitos perdidos*, Revista do Instituto de Hermenêutica Jurídica, n. 1, Porto Alegre, 2003.

———. *Os direitos fundamentais sociais na Constituição de 1988.* In, www.direitobancario.com.br/artigos/direitoconstitucional/01mar_151.htm; uma versão ampliada pode ser compulsada na Revista Diálogo Jurídico, Salvador, CAJ – Centro de Atualização Jurídica, v. 1, nº. 1, 2001. Disponível na Internet, in, www.direitopublico.com.br.

DIREITO AMBIENTAL – PROIBIÇÃO DE RETROCESSO

——. *Direitos fundamentais e direito privado: algumas considerações em torno da vinculação dos particulares aos direitos fundamentais*, in: *A constituição concretizada – Construindo pontes com o público e o privado*, Porto Alegre, Livraria do Advogado, 2000.

SARTRE, J. *L'être et la néant. Enssai d'ontologie phénoménologique*. Paris: Gallimard, 1943.

SENDIM, J. C., *Responsabilidade civil por danos ecológicos. Da reparação do dano através da restauração natural*, Coimbra: Almedina, 1998.

SILVA, J. A. da, *Direito Ambiental Constitucional*. 5ª ed. São Paulo: Malheiros, 2003.

——. *Aplicabilidade das normas constitucionais*. 3. ed., São Paulo: Malheiros, 1999.

SINGER, P., *Ética Práctica*. 2.ª ed. Londres: Cambridge University Press, 1995.

SIQUEIRA CASTRO, C. R., *A Constituição Aberta e os Direitos Fundamentais*. Rio de Janeiro: Forense, 2003.

SORIANO, R. e RASILLA, L. de la, *Democracia vergonzante y ciudadanos de perfil*. Granada: Ed. Comares, 2002.

STIGLER, G. J. *La Teoría de los Precios*. 3ª ed., Madrid: Editorial Revista de Derecho Privado, 1968.

TELLES JUNIOR, G., *Iniciação na ciência do direito*, SãoPaulo: Saraiva, 2001.

TIMBERGEN, N. *The study of instinct*, Oxford University Press, Oxford, 1951; versão em italiano *Il comportamento sociale e degli animali*, Turin: EINAUDI, 1978.

TRIVERS, R. L., *The evolution of reciprocal altruism*, Quarterly Review of Biology 46 (4), 1971, p. 35-57.

VIEIRA DE ANDRADE, J. C., *Os direitos fundamentais na Constituição Portuguesa de 1976.*, 2ª ed. Coimbra: Almedina, 2001.

WEBER, M., *La objetividad del conocimiento en las ciencias y la política sociales*, in, *Sobre la teoría de las ciencias sociales*, Barcelona: Planeta-Agostini, 1985.

WIEACKER, F., *História do direito privado moderno*. Trad., A. M. Botelho Hespanha. Lisboa: Fundação Calouste Gulbenkian, 1980.

WINTER, J., *Environmental Law*, Third Edition, Londres: Butterworths, 1996.

WADE, P., *Identidad y etnicidad*, in ESCOBAR, A. E PEDROSA, A. (editores) *Pacífico ¿Desarrollo o diversidad? Estado, capital y movimientos sociales en el Pacífico colombiano*. Santafé de Bogotá: Cerec-Ecofondo, 1996.

WITTGENSTEIN, L., *Tratado Lógico-filosófico*, Lisboa: Fundação Calouste Gulbenkian, 1987.

——. *Investigações filosóficas*, Lisboa: Fundação Calouste Gulbenkian, 1987.

ZIMMER, H., *Filosofias da Índia*. São Paulo: Ed. Pala Athena, 1991.

Dicionários de consulta

Dicionário Eletrônico Houaiss da Lígua Portuguesa, Versão 1.0, São Paulo: Editora Objetiva, 2001.

Novísimo diccionario Latino-Português Etymologico, Prosodico, Histórico, Geografico, Mitológico, Biographico etc., organizado L. Quicherat, por Fr. dos Santos Saraiva. Rio/Paris: Garnier, 1927.

Diccionario Manual G: :gu – Griego Clásico – Español, Barcelona: Vox, 2000.

Diccionario Grego-Português – Português-Grego, Porto: Porto Editora, 1997.

Diccionario Latín-Español, Madrid: Ediciones SM, 2001.

Langenscheidts Taschenwörterbuch – Deutsch-Portugiesisch, Berlin: 1969.

Pequeno dicionário jurídico alemão-português, Rio de Janeiro: Luiz Machado, Sistema CLC, 1981.

Oxford Advanced Learner's Dictionary of Current English, Oxford: Oxford University Press, 2003.

Dicionário Oxford de Filosofia, Rio de Janeiro: Jorge Zahar Editor, 1997.

Dicionário de Ética e Filosofia Moral, São Leopoldo Editora Unisinos, 2003.

Dicionário de Filosofia, Nicola Abbagnano, São Paulo: Martins Fontes, 2000.

Dicionário de Filosofia, Walter Brugger, São Paulo: Editora Herder,1962.

Vocabulário Técnico e Crítico da Filosofia, André Lalande, São Paulo: Martins Fontes, 1999.

Impressão:
Evangraf
Rua Waldomiro Schapke, 77 - P. Alegre, RS
Fone: (51) 3336.2466 - Fax: (51) 3336.0422
E-mail: evangraf.adm@terra.com.br